成長性思維行動指南

培養孩子恆毅力與心理韌性的45堂實踐課

安妮·布魯克Annie Brock、希瑟·韓德利Heather Hundley——著
江裕真——譯

the growth mindset classroom-ready resource book

A Teacher's Toolkit for Encouraging Grit and Resilience in All Students

PART 1

認識成長性思維

PART 2

打造課堂社群

PART 3

挑戰自我，成長茁壯

PART 4

學習後設認知

PART 5

好奇心、創造力與品格

PART 6

把所有東西整合起來

推薦序

師長抱持成長性思維，就是最好的身教

林怡辰（彰化縣原斗國小教師）

在二十年的教學工作經驗中，我常接觸許多孩子，有的是陪伴一年、兩年，有的是六年或甚至是更久，因為從孩子幼兒園時期開始，我就一路看著他們成長。在這樣每天、緩慢、長期的過程中，在每一個轉角、每一個轉折，都可以清楚看見孩子的改變。常見新學期換了一個老師，孩子的氣質就有所不同，或是原先表現不亮眼的孩子，在師長的勤加擦拭下，閃閃發亮，最後發出令人讚嘆的天賦之光。而細細深思這一切，往往都要歸功於「成長性思維」。

師長本身是否是個抱持成長性思維的人，最為關鍵。不輕易把問題歸咎在孩子本身，而是思考：「我還有什麼方法可以陪伴孩子一起成長？」、「還有其他方法可以幫助孩子學得更好嗎？」當孩子每天看見的是師長永不放棄的身影，不斷相信孩子可以更好，並給予各種機會去嘗試，對於孩子來說就是最好的身教。

接著，小小的話語是最大的力量。針對不同背景和個性的孩子，經過長時間的理解和相處，看見他的掙扎和努力之後，老師可適時給予鼓勵和讚賞，用持續推進的話語，一次次表達對孩子的高期許和高關懷，以及永不放棄的持續陪伴。一天、一週、一月、一學期、一年、兩年，讓改變慢慢發生。

在孩子好不容易相信自己只是「還沒有」學會，而願意開始嘗試的時候，給予他們一點一滴的小小成就感和回饋是重要的。除了為孩子指出對與錯，更重要的是給予不同的學習策略，讓不同學習類型的孩子找到適合自己的方法。

有的孩子適合使用學習平台，紓緩面對真人的壓力；有的孩子適合玩桌遊，透過遊戲一次次練習；有些孩子需要實物操作，一次次嘗試練習；有些孩子需要挑戰題，滿足想要挑戰的想望……多元的學習方式，具體的回饋，指出錯誤的部分在哪裡，重新示範一次正確的，並清楚呈現正確和錯誤之間的差距，讓問題具體且可視化，也讓孩子對於學習印象深刻。

凡是長時間的學習，成功都不是一蹴可幾，需要長時間的師生交流和奠基信念，時時記錄細節和給予回饋，看見孩子一路以來的認真和努力、成長和收穫，幫助他們奠定信念，往前邁進。最後，邀請孩子周邊的重要他人一起並行，大家一同帶起孩子。

《成長性思維行動指南》是兩位作者接續前一本作品後，又一本更貼近現場的精華之作。其中，在認識成長性思維、課堂社群、挑戰自我、後設認知、好奇與創造等重要議題中，每個部分都有適合班級實施的教學活動，相當簡單易使。每一次教學都是一次師生信念的交流，幫助孩子相信自己的潛能，改變本來抱持的定型化思維。

眼見為真，親自體驗才能創造真正深刻的改變。如果可以送孩子一份禮物，經過《成長性思維行動指南》而生成的成長性思維，是能夠讓孩子終身受用的珍貴資產，強烈推薦給你。

推薦序

成長性思維是送給孩子最好的祝福

蘇明進（臺中市大元國小教師）

近年來，我對於「成長性思維」十分著迷，這主題不但讓我重塑多年來自己所持有的教學信念，同時也不斷思索該如何將這些收穫傳達給我的學生。

尤其是在最近幾場講座裡，雖然分享的主題與成長性思維無關，最後還是決定把這些內容又放回講座主軸裡。原因是我發現，即便講述了諸多的教學實例，若所持有的信念仍是偏向定型化思維，不管是大人或孩子，都很難引發本質上的鬆動與改變。

在教學現場裡，我看過太多的孩子及家長，以定型化思維來面對學習。孩子們總覺得「很難」、「很煩」、「我很笨」、「我就是學不會」，限縮了自己想要更進一步的前進動力。同時，家長若未能用成長性思維及時引導孩子，未能把每次評量結果視為學習的補救及動力，那麼孩子就會承受極大的壓力，在學習中一次一次感到挫敗，最終只能從學習中逃走。

我曾經按照《成長性思維學習指南》書中建議，在班級裡實施一部分課程，看到成長性思維帶給孩子們許多啟發。但在《成長性思維行動指南》書中，有著更詳細、更具體的教學步驟，書中將成長性思維拆解成 45 堂課，由簡易入門到延伸應用，讓孩子們能夠更全面地反覆練習與實踐。

例如，第一課即是〈思維類型評估〉，讓學生先以表格進行思維的評估，第二課再引導孩子去理解〈何謂成長性思維〉。如此的安排極好，我曾經在班上實行過類似課程，不過由於沒有先讓孩子逐項評估自身的思維類別，結果孩子們上完課後，都覺得自己很符合成長性思維，無法讓他們產生認知衝突，並進一步帶來改變動力。

還有第六課〈觸發定型化思維的因子〉，在教室裡設置六個可能會觸發定型化思維的任務點，讓學生在困難任務中記錄當下在想什麼，藉此找出觸發自己定型化思維的環境因子與內部因子，再引導學生擬訂克服定型化思維的計畫。透過遊戲化找出自己的思維慣性，再試著擬定計畫，這是很重要的自我覺察與實踐能力。

這本書對於現場老師十分受用的原因，在於書中將每堂課的學習目標、資源與教材、教學方法、檢核重點、補充與延伸想法，全都系統化呈現。老師們可以按照書中引導，輕鬆地完成一堂又一堂的成長性思維課程。

還記得前陣子，有位家長拍下孩子所寫的一篇作文並傳給我，這篇作文題目是〈最受用的名言〉。男孩現在已是高一生，我還記得小學的他，是一位天資聰穎，但總是對班上事務冷淡、對學習提不起興趣的資優生。意外的是，畢業多年後的他，在作文裡寫下這些文字：

「我一直都有個毛病，就是懶、叛逆，我認為不想做的事情，我絕不多耗費一絲一毫的力氣去做。但記得六年級班導總是對我苦口婆心地說著：『永遠要用成長性思維去做事，不能用定型化思維去想事情。』老師的忠言總是出現在我的腦海中，時不時地提醒著我，儘管如今的我已經是高中生了，但這句話還是能夠時時刻刻地幫助著我。」

原來，當時對他們苦口婆心地叨唸，以及為孩子們精心設計的課程，雖然看似未能有即時的顯著效果，但不知不覺中，卻已烙印在孩子們的心靈裡。

人生不會總是一帆風順，面對未來的許多挑戰與挫折，需要有勇氣同行。而那源源不絕而生的勇氣、不放棄的恆毅力，就是來自內在所持有的成長性思維。

請跟我一起在教室裡進行成長性思維的實踐，那是送給孩子們最好的未來祝福。而我們自己也會在實踐的過程中，得到更珍貴的禮物！

前言　成長性思維的 45 堂課

在先前出版的《成長性思維學習指南》（*The Growth Mindset Coach*）一書中，我們設計出可實際運用於課堂中，培育學生成長性思維的一年十二個月思維訓練指南；在我們的另一本書《成長性思維遊戲書》（*The Growth Mindset Playbook*）中，則更深入的探討如何能在課堂與學校裡，透過打造成長性思維，賦予學生能力，提升他們的成就。而在這本成長性思維的系列新作中，我們繼續將這些想法擴展為可在課堂裡立即實踐的課程（每堂時間由 15 分鐘到 1 小時不等）。

在本書中，我們會重新回顧前兩本書的重點，並提供四十五堂極具價值、可即時操作的課程，以及五十多項可拿來重現的授課資源，好讓你和學生們親身體驗成長性思維的威力。

書中每一堂課的設計，都遵循以下的簡單架構：

1. **給老師的話**：課程大綱與摘要。
2. **學習目標**：在課程結束時，學生應該學習到什麼、或學會做什麼。
3. **資源與教材**：授課所需要的資源與教材。
4. **教學方法**：按部就班的教學指引。
5. **檢核重點**：關於在課堂中或課堂後檢驗學生理解程度的一些建議。

6. **補充與延伸想法**：我們在每一課最後都留一個段落，提供一些簡單的想法，做為對該堂課學習目標的補充。包括：如何展現學生的成果、有聲書、延伸閱讀及影片素材，以及各種能以某種有意義的方式補充該堂課內容的教材。至於要不要選用，任君選擇；補充內容對於該堂課本身來說是非必要的。

此外，從課程計畫方法論的角度來看，我們也會提供一些教師授課時可進行的說明或提問做為參考。這部分沒有強制性，請看成純粹的建議就好。如果和學生的對話已經進入更為深層的提問與對話，你當然可以直接順勢互動下去就好。

假如你在授課過程中注意到或聽到一些學生的反應，而你想要在授課過程中針對這些反應詳細說明，那就空出時間去做吧，可別為了遷就課程計畫，而犧牲那些能讓學生茅塞頓開的神奇時刻。

有時候，課程計畫反而應該配合這些時刻來進行調整。因此，不妨讓授課的過程自然發展，如果有適合省略的段落，那就省略；如果有必須追加的例子，那就追加，用你自己的方法去調整。畢竟，如何帶領你的課堂和學生，還是只有你最清楚。我們也相信，只有你能夠在我們提供的基礎課程計畫上，建立起能夠服務學生、真正達到威力十足的課程內容。

兩種思維的理論背景

一九七〇年代，心理學家卡蘿·杜維克（Carol Dweck）就在研究孩子如何因應失敗。杜維克和她的研究團隊設計了一個和艱澀的數學題目有關的實驗，來觀察孩子在挑戰一件事情時遭遇失敗的反應。杜維克從實驗中發現，面對同樣的挑戰，孩子們卻呈現出截然不同的兩種態度：某些孩子完全無法因應失敗，但有些孩子卻能夠抱持著「想要從難題中學習」，勇於挑戰問題以提升自己的智慧。 杜維克很好奇，孩子在面對挑戰時這兩種不同的反應，究竟從何而來？這個實驗正是杜維克深入研究兩種「思維」的開端。

杜維克發明出兩個詞彙：「定型化思維」（fixed mindset）與「成長性思維」（growth mindset），用來分別描述那些逃避挑戰的孩子與積極迎接挑戰的孩子所抱持的念頭。定型化思維就是認定一個人的技能、能力與才能，並無法獲得大幅發展的固定特質。有時候我們會稱之為「天賦才能」（God-given talent）理論——深信自己與生俱來在某些領域的技能或能力就是那麼少而已，也無法藉由做什麼事來改變這樣的情形。根據此一思維，某些人就是會擁有其他人所沒有的天賦。

另一方面，成長性思維則是一種相信人們可以透過努力、學習與毅力，而漸漸發展出技能、才能與能力的信念。歷經數十年的研究，杜維克和她的團隊所收集到的大量數據已經確切顯示出，擁有成長性思維的人，在學術、工作、人際關係以及人生其他層面上，都能得到比較好的成果。

在先前出版的《成長性思維學習指南》與《成長性思維遊戲書》這兩本書裡，我們概略描述過老師們可以在課堂裡，打造成長性思維的一些步驟。成長導向的課堂，比較會把焦點放在「成長」而非「成績」、「進步」而非「表現好壞」，以及「還沒」而非「現在已經」上。根據我們的推論，在這樣的課堂環境中，學生們的成長性思維將最有機會成長茁壯。

杜維克在她的 TED 演說《相信自己能進步的力量》（The Power of Believing You Can Improve）中問道：「我們現在是怎麼養育孩子的？身為父母的我們是不是只看現在、不看未來？我們是否要教養出只執著於拿高分，卻不知道如何擁抱遠大夢想的孩子？孩子心中最大的目標，是否只著眼於再拿一個 100 分或是通過下次考試？難道他們一輩子都必須仰賴於不斷驗證自己很棒的心理需求，邁向未來的人生道路？」

如果我們想要像杜維克所描述的那樣，從「看向未來」而非「聚焦現在」的角度養育孩子，我們就必須要創造機會，讓孩子看到努力與成長之間的正向關係；至於在課堂上，創造機會的源頭則在於老師。值得留意的是，當你以教師的身分教導並鼓勵學生建立成長性思維，然而，只要你自己仍然抱持定型化思維，過程與效果就會被打折扣。更重要的是，你必須在每一天、每一次的師生互動中，持續展現出成長性思維。你永遠要從成長的角度看待學生以及他們的潛力，而且每天都要以身作則，當成長性思維的好榜樣。

杜維克在其著作《心態致勝》（*Mindset*）中寫道：「一個人真正的潛力是未知的（也不可知）……你不可能事前得知，在多年的熱情、苦幹以及訓練之後，自己能夠實現什麼。」別再以先入為主的想法看待學生，而是要以正向的信念迎接每一天：學生只要肯努力、有毅力，即使是那些學習起來最費勁的學生，依舊有潛力創造出色的成果。

當教師具備這樣的信念，將會促使你和學生們踏上成長性思維的旅程。一旦學生們知道你相信他們擁有無限潛力，他們就做好了深信自己有能力的準備。這也是我們之所以安排成長性思維課堂的原因，其用意在於讓每個學生都能發展出對於學習的熱愛。

這個挑戰並不輕鬆，特別是學生們來到課堂時，都帶著各自不同的困難與障礙。有些人可能有學習障礙，有些人可能行為發展技能遲緩，有些人可能家庭環境有狀況，導致心理創傷、長期曠課、缺乏家庭支持，或是正面臨種種挑戰，以至於影響到他們的學習意願與學業表現。身為老師的我們，無論如何都有責任幫助學生認識自己，透過和學生建立關係，幫助他們了解努力與進步之間的關聯，協助他們取得成功。

本書使用說明

本書宗旨在於教導學生認識成長性思維的威力、關於學習的科學，以及足以影響學生成就高低的特定行為、性格策略與技巧。雖然我們已經盡最大的努力，讓這些課程適用於任何一種課堂，但其中有很多活動還是比較偏向較國小低年級。不過，它們全都能夠調整為適用於較高年級的課堂。

舉例來說，別低估培樂多（Play-Doh）黏土與破冰遊戲（icebreakers）在高中課堂上的威力，我們兩種都用過，而且效果很好。記得要針對學生們對於學習與作業的反應調整課程。我們會在每個課程計畫最後面的「補充與延伸想法」，提供各位建議的做法。

雖然這些課程都規劃為在 15 至 60 分鐘的時間內實施，但是在整個學年裡，都應該一再審視這些課程的目標。要是在教完學生何謂成長性思維之後，接下來好幾個月都把它拋諸腦後，將無助於在課堂上創造出有意義的改變，也很難讓學生持續發展相關技能。每當你看到學生出現有關成長性思維與定型化思維的訊息或行為，就要特意提出來討論，並持續和學生分享大腦在學習時是如何運作的。此外，也要設計一些課堂練習，來表明看重成長與進步更甚於表現與高分的觀點。這些想法都必須時常予以回顧，使其成為你一部分的課堂風景。

除了參考本書中的課程規劃，並將其落實在整學年的課程實施之外，老師們如果想要在課堂中培養成長性思維，也可以採取以下幾個練習：

● 讚許學生的努力

別用「你很聰明」這樣的說法，而是針對學生的行為做評論，或是談談學生所做的努力。在稱讚學生時，重點要放在他的學習過程。例如你可以說：「 哇，這次考試你考得很好，你是怎麼讀的？」或者說：「我真的很欣賞你花時間仔細畫這幅畫」，而不要說：「你好有藝術感。」當我們不把稱讚放在當事人身上，而是放在過程上，這將相當有助於破除「有些人天生就是擅長把某些事做得很出色」的想法，或是建立「只要肯努力，而且用對方法，任何人都有能力成為他想要的樣子，有能力去做或學習任何事」的想法。

● 讓犯錯變成一種平常的事

誰都會犯錯，尤其是在學習新事物的時候。我們要將課堂中的錯誤，視為學習過程中很正常的一部分，而且會為學習者帶來助益。可以的話，請在錯誤中找尋做得好的部分，並協助學生思考某種做法行不通時，如何重新擬定做法。假如你的課堂能夠歡迎學生從錯誤中學習，將有助於培養成長性思維。

● 在課堂上打造給予意見回饋的文化

教導學生細細斟酌自己與別人的作品，也教他們運用一些聚焦於做法上、用於彼此給意見的明確用詞。在具有成長性思維的課堂上，作品永遠都是可以再改善的，計畫永遠都是可以重新審視的，大家也都能夠把他人的意見，當成是更深入了解一件事的途徑，而不是一種批評。

● **提供家長在家裡也能促進成長性思維的工具**

任何為人父母者都能夠把成長性思維此一概念融入家庭生活中。教師可以和家長們分享相關研究的內容，教導他們認識成長性思維與定型化思維，再給他們一些在家裡能夠用來面對挑戰、應用成長性思維的具體做法。

順帶一提，老師讀者們可能會注意到，本書的每一章都放入「美國學校諮商人員協會」(American School Counselor Association，簡稱 ASCA）所發行的《為每位學生準備的 ASCA K-12 學生之大學與職涯準備度評量標準》(*ASCA Mindsets & Behaviors for Student Success: K-12 College- and Career Readiness for Every Student*）裡的「ASCA K-12 學生之大學與職涯準備度評量標準」認證過的思維與行為評量標準。這本書正是一本實用的工具書，協助讀者聚焦於鼓勵學生發展恆毅力與挫折復原力時，所需要的自我管理、社交技巧與學習策略。

PART 1

認識 成長性思維

「成功來自於知道自己已經盡了最大的努力，並力求成為所能成為的最好的人。」

——約翰·伍登（John Wooden）

本章介紹

本章將聚焦於成長性思維的概念，以及這個概念背後的科學基礎。課程內容囊括成長性思維的相關詞彙，也會介紹一些批判性思考的練習。這些練習會要求我們審視自身既有經驗，藉以找出生活中不時運作著的成長性思維。打好基礎後，我們就可以前往接下來的章節，更深入的探討在課堂裡孕育成長性思維所需要的概念、技巧與能力。

第一課

思維類型評估

課程時間：15 至 30 分鐘。

給老師的話

我們知道你在想什麼——嘖嘖，怎麼又要評估？不要害怕，思維類型評估的問題超級簡單易懂，而且答案沒有對錯之分。你可以（也應該）直接在你的學生身旁填寫。做這項評估的用意，在於推估受試者對於學習這件事的整體態度與信念，是比較偏向於定型化思維？還是成長性思維？你可以把它當成是幫助學習者找到入口、進入「兩種思維」這個世界的基本工具。一旦學生們開始了解到自己對於智力的信念是什麼，以及成長性思維與定型化思維會如何影響到成就，你就能夠展開為成長性思維的環境排除障礙的流程，建立促進成長與進步的實務做法。

學習目標

上完這一課後，學生將能判別自己是偏向定型化思維還是成長性思維。

資源與教材

1. 思維類型評估表。
2. 成長性思維與定型化思維的定義（見 28 頁）。

教學方法

老師做 把「思維類型評估表」各發一份給學生，請他們在自己認為符合實際狀況的描述旁邊打勾。在所有學生都填完後，再讓他們計算自己分別在奇數題與偶數題打了幾個勾。奇數題的描述代表定型化思維，偶數題的描述代表成長性思維。要是其中一類的勾勾數比另一類多，那名學生在處理人生議題以及面對挑戰性的情境時所運用的思維，可能就比較屬於相對應的類型。把成長性思維與定型化思維的定義分享給學生。

成長性思維是一種認為「人的智力、能力、才能及其他素質是可以透過努力、學習與專心致志而發展」的信念。

定型化思維是一種認為「人的智力、能力、才能及其他素質是無法加以大幅發展的固定特質」的信念。

跟學生說相關研究已經顯示，只要我們能以成長性思維完成學校作業或者其他挑戰，就能得到比較好的成果。本學年，我們會在課堂上探討很多關於成長性思維的事，我希望你們培養運用成長性思維的能力，去克服或迎接新的挑戰。比如說，當你面對嚴峻的挑戰時，當你正在解決真的很困難的問題時，或是當你覺得自己快要放棄時。

假如你的自我評估分數比較偏向定型化思維，那也沒關係。每個人都是定型化思維與成長性思維的混合體（*你也可以分享個人經驗，告訴學生關於採取成長性思維或定型化思維可能影響到成果的例子*）。現在，我們即將要開始在課堂上練習，如何在面對挑戰或學習時運用成長性思維。因為我相信你們什麼都能學，我希望你們自己也相信這件事。

檢驗理解程度

幫學生檢查一下，他們的「思維類型評估表」是否已完整填寫，以及有沒有統計錯誤。確認他們是否了解定型化思維與成長性思維的定義。

補充與延伸想法

1. 請學生舉出自己生活中出現過的成長性思維以及（或）定型化思維的例子。
2. 欣賞《給學生的成長性思維介紹》（Growth Mindset for Student；全五集的第一集），

YouTube 上 ClassDojo 頻道的影片。

3. 欣賞《RSA 手繪動畫：如何幫助每個孩子發揮潛力》（RSA Animate: How to Help Every Child Fulfill Their Potential），YouTube 上 RSA 頻道的影片。

4. 讓學生帶「思維類型評估表」（見 26、27 頁）回去給家長，好讓他們能在家中對此展開討論。

思維類型評估表

填答方式：請在你認為符合你狀況的描述框框中打勾。

- ☐ 01. 我就是不擅長某些事。
- ☐ 02. 當我犯錯時，我會試著從錯誤中學習。
- ☐ 03. 當別人表現比我好時，我會覺得受威脅。
- ☐ 04. 我很喜歡離開自己的舒適圈。
- ☐ 05. 每當我向別人展現自己很聰明或很有天分時，我會覺得自己很成功。
- ☐ 06. 看到別人成功，我會覺得受到激勵。
- ☐ 07. 每當我做到別人做不到的事，我會覺得開心。
- ☐ 08. 人的智力是能夠改變的。
- ☐ 09. 沒必要努力讓自己變聰明，因為聰明不聰明是天生的。
- ☐ 10. 我很喜歡接受新挑戰或新任務。
- ☐ 11. 假如某件事很難做到，那代表不該由我來做。
- ☐ 12. 當我某件事做不好，我通常會再試一次。
- ☐ 13. 有些人就是天生擅長某些別人不擅長的事。
- ☐ 14. 只要肯努力，任何人都能進步。

☐ 15. 炫耀自己擅長的事，會讓我覺得很滿足。

☐ 16. 我喜歡接受挑戰。

☐ 17. 有人批評我時，我會予以無視。

☐ 18. 有人批評我時，我會努力以開放的態度聆聽。

☐ 19. 我不愛問問題，因為人家可能會覺得我很笨。

☐ 20. 我不怕問問題，不懂我就問。

成長性思維

一種認為「人的智力、能力、才能及其他素質是可以透過努力、學習與專心致志而發展」的信念。

定型化思維

一種認為「人的智力、能力、才能及其他素質是無法加以大幅發展的固定特質」的信念。

第二課

何謂成長性思維

課程時間：40 至 60 鐘。

給老師的話

要教導學生成長性思維，必須先讓他們認識成長性思維、定型化思維及相關詞彙。只要講解得夠清楚，即使是最年幼的孩子，也都能理解兩者之間的不同。此外，同樣也很重要的是，學生們要對兩種思維如何深深影響生活的運作方式，建立起基本的認識。

當我們想在課堂裡培養學生的成長性思維，首先最基本要做到的，是要經常審視學生對於自己能否提升智力及各種技能與能力的信念。在你向學生介紹過定型化思維與成長性思維的想法後，就要盡可能在每天的教學、討論以及意見回饋中，提到兩種思維的想法差異。一旦我們在學生真實的學習時間中不斷帶到兩種思維的元素，將有助於學生在心中深植這樣的想法：當我在學習時，自己的努力與毅力會直接影響到最終的成果好壞。

學習目標

上完這一課後，學生將能定義成長性思維與定型化思維，並分別舉例。

資源與教材

1.「我的定型化與成長性思維」學習單。
2. 鉛筆或原子筆。
3. 無毒麥克筆。
4. 成長性思維與定型化思維的定義（見 28 頁）。
5. 白紙或白板。
6. 定性化思維和成長性思維例子 T 形圖。
7. 投影機。
8. 可播放網路的電腦設備。
9. 連線到 YouTube 網站。

教學方法

老師做◎先請學生填寫「我的定型化與成長性思維」學習單的第一部分，以喚醒他們的先備知識。讓他們回想之前某次自己真的很努力做某件事，因而得到更好成果的情形，並將那次的經驗寫出來或畫出來。接著，再請學生回想某次自己真的覺得某件事很困難，因而認為狀況不可能改善而放棄做下去的情形，並將那次的經驗寫出來或畫出來。

老師做 詢問有沒有學生自願和全班分享他的例子。也可以採用「配對—分享」（Pair-Share）的做法，讓學生彼此分享自己的故事。告訴學生，他們提供出來的例子，就是定型化與成長性思維的實例。把成長性思維與定型化思維的定義分享給學生。

成長性思維是一種認為「人的智力、能力、才能及其他素質是可以透過努力、學習與專心致志而發展」的信念。

定型化思維是一種認為「人的智力、能力、才能及其他素質是無法加以大幅發展的固定特質」的信念。

朗讀以下兩個故事給學生聽：

故事一

當朱迪加入籃球隊時，他感到很興奮。但第一次團練時，他卻因為其他選手都打得比他好而感到尷尬。他很費力才能把球運好，而且投籃命中率很低。教練要他在團練後留下來再練一下投籃，但朱迪覺得好累，也覺得很不公平，因為別人都不用再留下來，所以他拒絕了教練的請求。

球隊第一次比賽時，朱迪大多時間都在坐冷板凳，也沒得分。比賽過後，他問媽媽可不可以退隊。爸媽問他為什麼，他說自己天生不是打籃球的料。

故事二

當艾莉卡加入壘球隊時，她覺得好緊張。她先前從沒打過壘球，但她真的很想嘗試新事物。第一次團練時，她意識到自己有好多東西要學。慢慢的，艾莉卡學會了比賽規則，學到如何揮棒以及丟球。她經常在晚飯後，要爸爸陪她在院子裡練球。第一次比賽時，艾莉卡每次打擊都被三振出局，防守時還漏接兩個內野高飛球。她請爸爸帶她去打擊練習場，在團練後還留下來和教練練習守備。

在當季最後一次比賽中，艾莉卡幾近完美的守下兩球，還打了一支幫助球隊追成平分的二壘安打。一開始她同樣是坐冷板凳，但就算她很清楚自己不是全隊最棒的球員，她還是很自豪於自己的球技能進步這麼多。明年，她很期盼再次加入壘球隊。

現在，畫一張 T 形圖（見 36 頁）。請學生討論這兩則故事，並舉出其中有關定型化思維與成長性思維的例子。舉例來說，定型化思維的例子包括：朱迪退隊；不想在團練後留下來和教練加強練習；朱迪說自己天生不是打籃球的料。成長性思維的例子包括：艾莉卡在家練球；艾莉卡態度很積極；艾莉卡練球到很晚；艾莉卡沒有因為坐冷板凳，就決定放棄不打。

老師做 播放《任何事你都能學》(You Can Learn Anything),可汗學院(Khan Academy)YouTube 頻道影片。

跟學生說 影片中提到,複雜的事物都是建立在任何人都能學習的基本想法上。

現在,我們來看看三位大家熟知的名人,想想在他們成為偉大的人物之前,必須先學習些什麼(注意:也可以換成任何一位學生認得,能夠引起他們共鳴的名人)。

NBA 職籃選手勒布朗·詹姆斯(Lebron James)

(可能的答案:「他必須學會運球、投籃、走步、跑步」等等。)

童書作家蘇斯博士(Dr. Seuss)

(可能的答案:「他必須學習寫作、畫圖、設計韻腳」等等。)

歌手碧昂絲(Beyonce)

(可能的答案:「她必須學習看譜、跳舞、唱對音」等等。)

跟學生說 你覺得要是勒布朗·詹姆斯在他第一次上場比賽沒得分,就因而不再打球,會發生什麼事?或者,要是碧昂絲只因為在一次的歌唱比賽中輸掉,就從此放棄唱歌生涯,會發生什麼事?或者,要是有人告訴蘇斯博士,他的書內容都很蠢,根本沒人會想看,他因而不再寫作的話,又會發生什麼事?(學生可能會回答:「詹姆斯將不會成為有史以來最頂級的選手之一」、「碧昂絲可能就不會追尋她唱歌的夢想」、「蘇斯博士可能不會出版任何一本書」之類的答案。）

所有人都一樣，在能夠大步邁向目標之前，都會先歷經費力行走的階段，尤其是那些最後極有成就的人士。成長性思維就是相信自己能做到任何事，並且要努力求進步；而定型化思維則是相信自己無法進步而輕易放棄。

檢驗理解程度

判斷學生們是否已經知道定型化思維與成長性思維的不同，而且能分別舉出實例。邀請學生在自己的海報紙標上正確的思維類型，並和大家分享他們是如何與為何做出這樣判定。

補充與延伸想法

1. 在教室裡貼上區分成長性思維與定型化思維的定義海報，方便大家參考。
2. 當你在課堂上看到定型化思維的例子時，手就指向定型化思維的定義；看到成長性思維的例子時，手就指向成長性思維的定義。
3. 欣賞《信念的力量》，愛德華多．布里塞尼奧（Eduardo Briceno）的 TEDx Talk 影片。

4. 欣賞《相信自己能進步的力量》，杜維克的 TEDx Talk 影片。

我的定型化與成長性思維

把之前某次你真的很努力做某件事，因而得到更好成果的情形寫出來或畫出來。

把之前某次你真的覺得某件事很困難，因而放棄做下去的情形寫出來或畫出來。

你該知道的定義：

成長性思維是認為「人的智力、能力、才能及其他素質是可以透過努力、學習與專心致志而發展」的信念。

定型化思維是認為「人的智力、能力、才能及其他素質是無法加以大幅發展的固定特質」的信念。

定型化思維的例子	成長性思維的例子

第三課

改變用詞，改變思維

課程時間：20 至 30 分鐘。

給老師的話

想在課堂中培養學生的成長性思維，很大一部分取決於我們如何和學生對話與溝通。本課目標是要協助學生了解文字所具有的神奇力量，不僅能幫助我們通過挑戰，也可能讓我們徹底放棄。改變用詞，給成長性思維更大的發揮餘地。此外，建立一種看重成長更甚於分數、看重進步更甚於滿分的文化，將是一種讓成長性思維能夠更深植於課堂的做法。

學習目標

上完這一課後，學生將能練習如何透過改變用詞或自我對話，將定型化思維的言語轉為成長性思維的言語。

資源與教材

1. 「成長性思維」與「定型化思維」定義（見 28 頁）。
2. 定型化思維話語卡片（每組一套）。
3. 鉛筆或原子筆。
4. 無毒麥克筆。
5. 圖表紙與（或）白板。

教學方法

跟學生說 想像一個情境：有人對你講了一些不客氣的話。請找到你的夥伴，告訴他人家對你講了什麼話，以及你的感受是什麼。兩人輪流分享故事。接著，切換成另一種情境：告訴你的夥伴，有人對你說了很親切的話，以及你的感受是什麼。兩人輪流分享故事。（也可以採用選擇性延伸活動：找幾個學生和全班分享自己的故事，或是從文學作品中找例子進行討論。）

思考・配對・分享 留時間給學生分享。

跟學生說 從大家分享的故事中，我們可以知道，他人的用詞可以讓我們聽了感覺很糟糕，也可以讓我們聽了感覺很開心。當有人對我們說了傷人的或是親切的話語時，我們會有截然不同的感受。而我們對自己說的話語，也是同樣的道理。

我們已經學到什麼是定型化思維與成長性思維，現在，我們來寫學習單，幫助大家把這兩種定義記起來（使用本書 42 與 43 頁處的成長性思維與定型化思維話語卡片。不妨把 28 頁兩種思維的定義貼在教室裡，方便學生隨時參閱）。

今天我要教大家一個特別的技巧，利用言語幫助你改變腦中的思維。想像你自己正試著學習______（可以是你在課堂上學習的某種東西），而它很難學。你覺得受挫又生氣，認為自己永遠也學不會。當你感到如此挫折的時候，你會對自己說些什麼？（學生可能會回答：「我不要學了」、「我不想再學下去」、「這太蠢了」、「我恨它」、「我就是搞不懂」之類的答案。請把學生們的答案記錄下來。）

當我們講出諸如此類的話，那就是定型化思維在作祟。當我們處於定型化思維時，會傾向於找最省事的方法，因為學習新事物可能真的很困難，我們也不希望自己在別人眼中看起來很蠢或是很不聰明。但一旦我們只因為某件事很難學，就放棄努力學習它，會造成什麼問題？（學生可能會回答：「你會永遠學不到東西」、「你會沒辦法提升自己」、「你會遠遠落後」之類的答案。）

沒錯！要是我們自我放棄，將永遠不會知道自己實際能夠走得多遠。所以，我要和大家分享一套方法，幫助你把定型化思維的對話方式，轉換為成長性思維的對話方式。正如我們可以選擇親切待人或是刻薄待人一樣，我們也能選擇要對自己講親切的話語或是刻薄的話語。

舉例來說，一個抱持著定型化思維的人，可能會對著自己說：「我永遠不可能擅長這件事。」

大家想一想，我們該如何把這句話轉換為成長性思維的說法？（學生可能會回答：「有一天，我可能會擅長這件事」、「只要我嘗試，我就有可能會進步」、「什麼事我都做得到」之類的答案。）

有時候，只要更改一下對自己說的言語，就能讓學習態度變得大不相同。現在我要把一些寫有定型化思維話語的卡片（見 42 頁）發給大家，我希望你們在卡片的背面，把卡片正面的話語重新改寫為成長性思維的話語。所以，假如某張卡片有一面寫著：「我永遠不可能擅長這件事。」你可以在背面寫上什麼？（放上一個學生建議的答案。）

老師做○ 讓學生兩兩一組，重新改寫定型化思維的話語。在課堂裡四處移動，協助學生進行活動；定期將學生的改寫內容分享給全班。如果學生在改寫的過程中感到困難，試著引導他們運用「還沒」這個具有魔力的詞彙來進行改寫。

檢驗理解程度

聆聽學生的回應，並審視他們在那些卡片的背面改寫出來的成長性思維話語，以檢視他們對於在講話時運用成長性思維，理解到何種程度。花時間鼓勵他們多練習，當自己覺得手邊的事情很困難、很有挑戰性時，要運用成長性思維說話。

補充與延伸想法

1. 製作一個名為「改變用詞，改變思維」的布告欄，把學生的成長性思維話語範例放上去。
2. 欣賞《去除負面的自我對話》（Removing Negative Self Talk），阿布里亞·約瑟夫（Abria Joseph）的 TEDx Talk 影片。

3. 閱讀繪本《我做得到！小工程師蘿西》（*Rosie Revere, Engineer*），安德烈亞·貝蒂（Andrea Beaty）著。
4. 欣賞《還沒的威力：官方音樂錄影帶》（The Power of Yet: Official Music Video），YouTube 上 C.J. 盧基（C.J. Luckey）頻道的影片。

5. 欣賞《芝麻街：賈奈兒·夢內（Janelle Monae）演唱——還沒的威力》，YouTube 上芝麻街頻道的影片。

定型化思維話語卡片

定型化思維

我永遠不可能擅長這件事。

定型化思維

這太難了。我要放棄了。

定型化思維

我這個人就是沒藝術天分。

定型化思維

這份作業已經寫得夠好了。

定型化思維

我又犯錯了。

定型化思維

我試過了，但我沒辦法做得很好。

定型化思維

她的數學總是比我厲害。

定型化思維

我不想問問題；那會使我看起來很蠢。

成長性思維話語卡片

成長性思維

成長性思維

成長性思維

成長性思維

成長性思維

成長性思維

成長性思維

成長性思維

第四課

大腦可以被持續開發

課程時間：20 至 30 分鐘。

給老師的話

我們可以把「神經可塑性」（neuroplasticity）的概念清楚教導給學生，幫助孩子破解「有些人就是比較聰明、比較擅長數學，或者比較有藝術天分」這類迷思。每天，學生到學校的目的就是為了學習，但可能很少會有人教他們，在人的身體裡，「學習」這件事如何發生，也就是學習背後的生理機制。

這一課要談的就是神經可塑性。這個專有名詞聽起來有點新奇，但它的意思只是在表達，我們一輩子都能讓自己的大腦不斷成長、被形塑。是的，大腦就像塑膠一樣具有可塑性。在我們的一生當中，都能持續學習新技能、建立新連結，以及提升我們的能力。

學習目標

上完這一課後，學生將能定義神經可塑性，以及大腦是如何成長以學習新事物。

資源與教材

1. 白紙。
2. 鉛筆或原子筆。
3. 「分別用左右手寫字的感覺是……」T 形圖。
4. 「建立神經通路」學習單。

教學方法

跟學生說 請大家在我發下去的紙上，寫下這個句子：任何事情我都能學。現在，請大家改用非慣用手，再寫一次同樣的句子：任何事情我都能學。

老師做 把 T 形圖（見 49 頁）發給學生，要他們把兩邊都填好，填的時候要自問以下兩個問題：

1. 用慣用手寫字時，你有什麼感覺？用非慣用手寫字時，你又有什麼感覺？
2. 為什麼用慣用手寫字會比用另一手輕鬆？

（學生可能會回答：「因為我們練習過」、「因為我們天生如此」之類的答案。）

跟學生說用你的慣用手寫字很輕鬆，因為你已經在腦子裡建立起神經通路。

當我們出生時，大腦就有數十億個神經元。所謂的神經元是一種微小的細胞，它們會彼此溝通，以協助我們做出寫字、移動、說話、思考之類的事情。事實上，神經元控制著我們所做的每件事！同一種神經元會共同合作，完成同一項任務。

舉例來說，當你在加總數字時，就會有一群神經元彼此合作，幫助你完成這項工作。但直到你開始加總數字之前，這些神經元彼此是互不相識的。在你學習加法時，這些神經元會彼此傳送訊息，這些訊息又會創造出神經通路。你練習加法練得愈多，訊息在神經通路裡就跑得愈快、愈輕鬆。而且就像運動一樣，可以讓你的身體更強健。透過學習與努力訓練大腦，也會讓大腦變得更強健，因為你從中建立了更多條更快速的神經通路。

非慣用手用起來很困難、也很吃力，是因為你還沒建立起神經通路。現在，我們來試試看一開始怎麼建立神經通路。請用你的非慣用手寫自己的名字十次，當你這樣持續寫下去，會發生什麼事？（學生可能會回答：「我的手會痛」、「我必須慢慢的寫」、「我寫得愈多，就寫得愈來愈好」之類的答案。）

你應該可以用慣用手迅速且不假思索的寫出自己的名字，但如果是用非慣用手來寫，不但寫得過程很慢，每一筆還得先想清楚該怎麼寫。當你能夠不假思索做一件事時，很可能你已經建立了強健的神經通路。所以，如果你無時無刻都用非慣用手寫字，最後，隨著時間過去，你的非慣用手還是能夠寫出還不錯的字，因為你已經一步步建立起強健的神經通路。

剛才你們說，用非慣用手寫字的感覺是________（學生可能會回答：「好困難」、「好有挑戰性」、「好艱難」之類的答案）。這堂課有一個延伸作業，要請你們回家繼續挑戰。請寫下在未來的一星期裡，你們想要認真為它建立神經通路的一件事。它必須是一件困難的事，一件你並不擅長的事。然後，請你在下一堂課回報進展狀況，看看你是否有辦法為這件困難的事建立起神經通路。

老師做◎把「建立神經通路」學習單（見 50 頁）發給學生帶回家完成。

檢驗理解程度

觀察學生們挑戰神經通路的進展狀況，包括學生嘗試何種策略，以及他們在努力過後是否真有進步。若有學生表示自己並無進步，要協助他找到重新嘗試的方法或策略。邀請學生繼續接受有挑戰性的任務，以建立新的神經通路。想一下自己怎樣才能在課堂上向學生示範「建立新的神經通路」這件事。讓他們看著你是怎麼努力的，又是怎麼嘗試各種新策略，直到真正獲得進步。別忘了和學生分享你自己遭逢挫折或終於成功的那一刻，你有什麼感受。

補充與延伸想法

1. 欣賞《神經可塑性》(Neuroplasticity)，YouTube 上 Sentis 頻道的影片。

2. 閱讀繪本《你的大腦神奇有彈性：拓展它，形塑它》(*Your Fantastic, Elastic Brain: Stretch it, Shape it*)，約翰・迪克（John Deak）著。
3. 閱讀《改變是大腦的天性》(*The Brain That Changes Itself*)，諾曼・多吉（Norman Doidge）著，遠流出版。
4. 欣賞《你的大腦是有可塑性的》(Your Brain is Plastic)，YouTube 上 SciShow 頻道的影片。

分別用左右手寫字的感覺是……

慣用手	非慣用手

建立神經通路

想在大腦裡建立新的神經通路，得靠大量的練習。請找一件你希望自己能夠進步的事，並在未來的一星期裡花時間練習。在練習的過程中，請填寫這個表格。

我想要建立新神經通路的一件事是：

……………………………………………………………………………………

……………………………………………………………………………………

……………………………………………………………………………………

……………………………………………………………………………………

……………………………………………………………………………………

……………………………………………………………………………………

我想要用來建立神經通路的策略是：

……………………………………………………………………………………

……………………………………………………………………………………

……………………………………………………………………………………

……………………………………………………………………………………

……………………………………………………………………………………

……………………………………………………………………………………

在為期一週著手建立神經通路後，我察覺到：

……………………………………………………………………………………

……………………………………………………………………………………

……………………………………………………………………………………

……………………………………………………………………………………

……………………………………………………………………………………

……………………………………………………………………………………

第五課

人類的神經元

課程時間：30 至 60 分鐘。

給老師的話

當我們把成長性思維教導給學生時，最關鍵的部分在於，要把「學習是如何在身體裡發生」的相關資訊告訴他們。「學習」是一種科學，人人都有潛力為學習建立神經連結。了解「學習是如何在身體裡發生」這件事，將有助於學生在運用成長性思維自我對話或是傳達訊息時更為踏實。當你看到學生難以學習一個新概念時，可以對他說：「哦，我看到你的神經元之間正努力建立連結！繼續嘗試下去。」

學習目標

上完這一課後，學生將能想像得到神經元在大腦裡的樣子，同時知道用成長性思維傳達訊息與自我對話，會帶來什麼的影響。

資源與教材

1. 白板或海報紙。
2. 無毒麥克筆。
3. 發給學生填寫的「認識神經元」學習單。
4. 一根「能量棒」（Energy Stick）或「科幻管」（Sci-Fi Tube）。這些觸控式的能量管，可以在亞馬遜或美國一般玩具店買到。可選擇史提夫・斯潘格勒（Steve Spangler）的能量棒、WEY&FLY 的科幻管，或是 Toysmith的科幻管。在美國的售價大約在10美元（約350 元台幣）以下，你只需要一根就能上完這一課。

教學方法

跟學生說●今天，我們要來學習更多有關神經元的事。神經元是人體最有意思的細胞之一，每個人的體內都有數十億個神經元，否則我們將無法步行、說話、呼吸或是學習。先前我們已經學到神經通路這件事，也就是在我們學習時，神經元之間彼此連結的方式。今天，我們要探討的是神經元的構造，以及神經通路是如何在人體內形成的。每個人都有他的神經元模型，稍後我會一併把每個部位標示出來並做說明。

我們不妨把神經元模型看成是一棵樹。細胞體（cell

body/soma）就像是這棵樹的樹幹一樣；軸突（axon）就像樹根；樹突（dendrite）就像樹枝。（**老師在白板或海報紙上畫出一棵樹，並把各部位標示出來，發下「認識神經元」學習單，見 58 頁**）。

小嬰兒在出生時，擁有約千億個神經元，但它們彼此之間尚未連結。在大腦發展的過程中，就會建立神經元之間的連結。神經元的構造包括：

➤ **細胞體**：神經元的主體，內含細胞核。

➤ **樹突**：從細胞體往外延伸出來的東西（看起來像樹枝）；樹突負責從其他神經元那裡接收訊息。

➤ **軸突**：從細胞體往外延伸出來的最長樹枝；負責傳遞電化學訊號給其他神經元。

➤ **髓磷脂**（Myelin）：包覆在軸突外面的一種物質，讓軸突絕緣，也讓與其他神經元間的溝通更為快速。

➤ **軸突末梢**（axon terminal）：位於軸突末端，裡頭充滿可前往其他神經元的神經傳導物質。

接下來，讓我們一起來創造神經通路吧！

（老師做）讓學生用無毒的可水洗麥克筆，在每一根右手手指寫上「D」，代表樹突；在右手手背寫上「S」，代表細胞體；在右臂與左臂寫上「A」，代表軸突（真的夠長！），並在左手手背寫上「AT」，代表軸突末梢。然後，請學生在每一根左手手指寫上「N」，代表神經傳導物質（老師自己也要在手上標示這些字母。請務必一起參與實驗！）

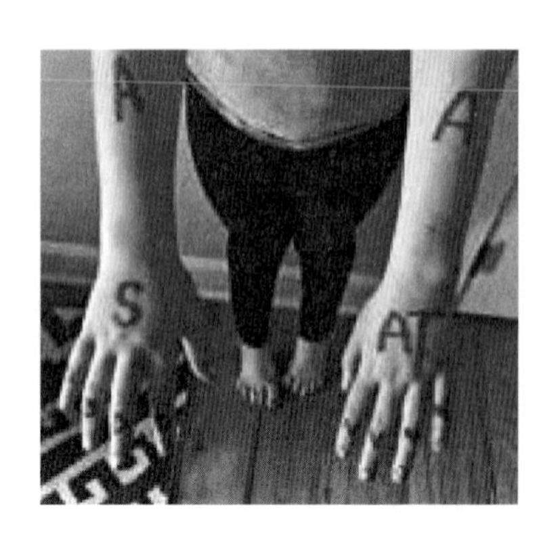

跟學生說▶現在你們就是神經元了！你們的右手手指是樹突，負責接收訊息。你們的右手是細胞體，負責控制神經元的所有程序，對於傳送與接收訊息扮演著關鍵的功能。你們的左右雙臂是軸突，軸突是細胞體延伸出來的超長樹枝，就像我們的雙臂。（不妨請學生張開雙臂，看看有多長！）我們已經在左手寫上「AT」字樣，代表軸突末梢。當訊息沿著軸突傳到軸突末梢時，就會釋放出名為神經傳導物質的化學物質。這些神經傳導物質會穿過名為突觸（synapse）的小空間，連上另一個神經元。

老師做▷等學生們都在自己的身上標示出神經元的部位後，請他們圍成一個大圓圈。不要讓他們彼此觸碰到，但彼此的距離可以靠近一點。

跟學生說▶請看看自己和隔壁同學之間的空間，在大腦裡，這個空間稱之為突觸。你左手上的神經傳導物質，必須穿過突觸，才能和你左邊那位同學右手上的樹突連結上。神經通路就是這樣創造出來的！

我手裡有個能量棒，它代表的是一種你必須學習的新技能（學生即將在你的課堂中學習的技能也包括在內）。為了學習這項技能，你必須創造強健的神經連結。在大腦裡，我們是靠著建立神經連結來做到這件事的。這根能量棒，就是用我們的能量點亮的。當它亮起來時，就意味著我們已經完成了一次的連結！

一開始，先用你的左手拿能量棒，然後去握你左邊那位同學的手。

老師做　讓每個學生一個接著一個去握下一個同學的手。等到你正右方的同學來握你的手，連結就幾乎要完成了。

跟學生說　還需要最後一段電路！

老師做　讓你正右方的學生握住能量棒的另一頭，完成整個電路後，能量棒就會亮起來。

跟學生說　我們做到了，我們建立了神經連結。好了，我們一起想一想，如果過程中有某個環節，我們忘了怎麼去做某個動作，該怎麼辦？

老師做　指示中間的某個學生鬆開雙手，這時能量棒就會暗掉，因為電路斷了。

跟學生說　我們做某件事愈多次時，這些連結就愈強韌、愈快速。現在，我們試著用另一種方式點亮能量棒。不要一個接著一個握，而是大家盡可能快速的同時一起握。準備好了嗎？一、二、三，開始！（學生們迅速同時握起手來，能量棒點亮了！）

老師做 ◎ 試著用其他不同的方式點亮能量棒，這代表著我們正在用不同方式進行學習。例如：

- **慢慢握手**：第一次學習某件事。
- **打斷某處的連結**：犯了錯或是忘記某個步驟。
- **迅速握手**：精熟該項技能或某個概念。
- **人數少的團體**：簡單的技能。（例如，一開始先請兩人一組，代表正在學習某個字母的發音。慢慢的，再加更多學生到團體裡，以增強連結，告訴學生：「接著，我們要學更多字母的發音，再來要學習常見字，然後是啟蒙閱讀，接著是繪本，再來是短篇小說，然後是長篇小說。」

檢驗理解程度

觀察學生們在嘗試用各種方法點亮能量棒的過程中，是否有運用成長性思維的語言，以及有什麼意見要回饋給你。示範轉化定型化思維言語的方式，並邀請學生也這麼做做看。也歡迎學生們用更具挑戰性的方式點亮能量棒。

補充與延伸想法

1. 閱讀繪本《你的大腦神奇有彈性：拓展它，形塑它》（*Your Fantastic, Elastic Brain: Stretch it, Shape it*），約翰・迪克（John Deak）著。
2. 欣賞《神經元之間是如何溝通的》（How Neurons Communicate），YouTube 上 BrainFacts.org 頻道的影片。

認識神經元

下圖為神經元構造圖，請在框框中填上適當的答案。

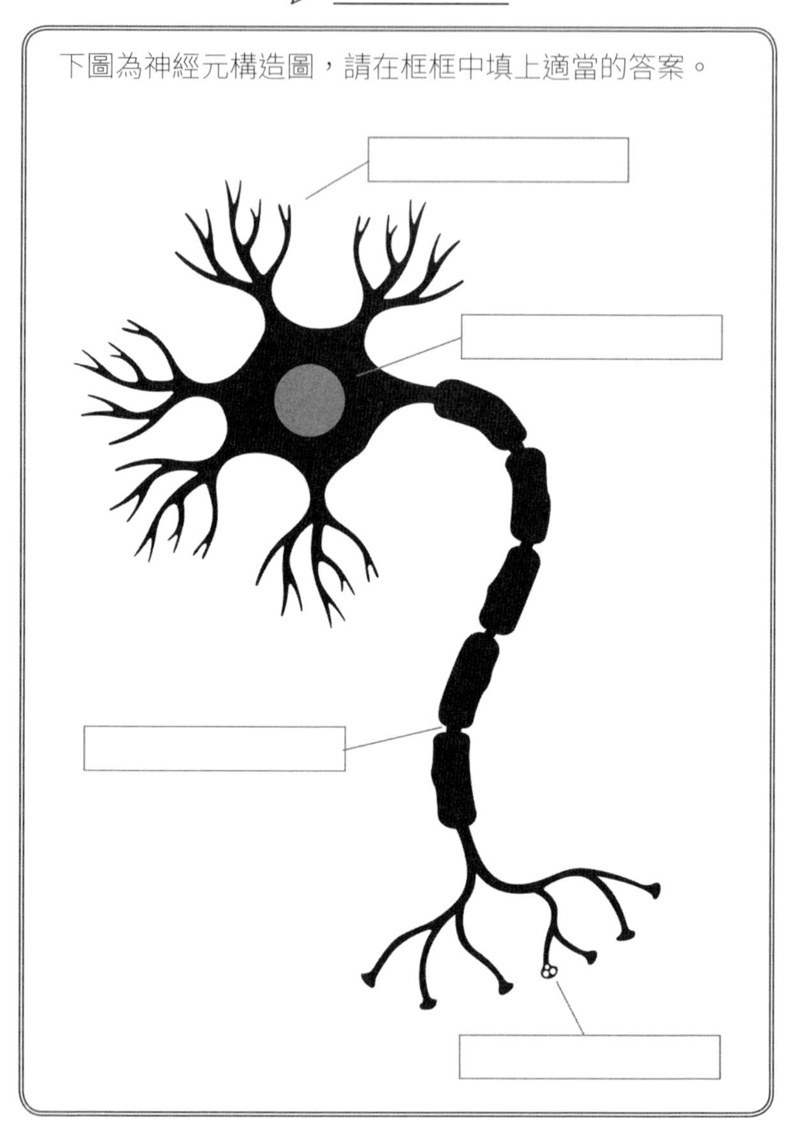

答案：(由上而下)樹突、細胞體、軸突、軸突末梢。

第六課

定型化思維的觸發因子

課程時間：40 至 60 分鐘。

給老師的話

杜維克在《心態致勝》一書中鼓勵我們，要找出會觸發自己定型化思維的環境因子與內部因子，然後，根據這些因子，擬定克服定型化思維的計畫，好讓自己持續採取成長性思維。擬定這樣的計畫，對學生來說是一項很重要的技能。

在開始上這一課之前，你要先想想什麼因子會觸發自己的定型化思維。比如說，碰到一個很霸道的同事，參與一個不知道目的為何的會議，覺得學生很難教，或是要開始什麼新舉措的時候等等。想要控制這樣的情境，第一步是要先了解，什麼樣的情境或感受會把我們帶往定型化思維。

在這一課裡，我們將協助學生了解：何謂定型化思維的觸發因子，以及該如何找出會造成定型化思維的觸發因子。最後，協助學生擬定計畫，幫助他們避免陷入定型化思維。

學習目標

上完這一課後，學生將能找出哪一種因子會觸發自己運用定型化思維於自我對話上，並學到如何調整定型化思維，轉而朝向運用成長性思維的自我對話發展。

資源與教材

1. 設定六個可能會觸發定型化思維的任務點。
2. 發給學生填寫的「現在我在想什麼」學習單。
3. 多枝螢光筆。

教學方法

老師做 上課前，先在教室裡設置六個任務點。學生在教室裡跑任務時，有可能會觸發必須克服的定型化思維自我對話。

跟學生說 今天我們要來探討「觸發因子」這件事。如果某件事是你的觸發因子，那代表什麼意思？（學生可能會回答：「這件事讓你生氣」、「這件事讓你沮喪」等等。）

它指的是某種會引發你情緒性反應的外來刺激，可以是一首歌、一個事件，或一項活動。今天，我們要一起完成多項不同的任務，並且討論在完成每項任務時，自己在想些什麼。請你將自己到每個任務點跑任務時的自我對話，記錄在「現在我

在想什麼」學習單上（見 63 頁）。這些任務如下：（你可以從中挑選六個）

1. 解數學難題。
2. 畫圖。
3. 摺紙。
4. 演奏一段新學到的音樂。
5. 學習說某種語言的一段話。
6. 把魔術方塊恢復原狀。
7. 寫書法。
8. 完成片數不多的拼圖。
9. 組好樂高積木組。
10. 綁鞋帶。
11. 完成某項電腦任務。
12. 標示出植物、太陽系、心臟或地圖上的名稱。
13. 依字母順序或其他法則排列一些文字。
14. 建造某種結構物，像是彈珠軌道、棉花糖與義大利麵塔。

老師做當學生們在每一站待 3 到 5 分鐘後，加入並記錄他們的自我對話。

活動結束後，重新把大家集合，要學生向大家分享自己在歷經一個又一個任務時，發生了哪些事。詢問學生以下問題，仔細聆聽他們的回答。

1. 你在每項任務中有哪些自我對話與感受？
2. 你如何因應挑戰？
3. 有哪幾站或哪些情境觸發你的定型化思維？
4. 有哪幾站或哪些情境激起你的成長性思維？

請學生依照定型化思維和成長性思維的定義，將他們的思想泡泡進行歸類，並分別用兩種不同顏色的螢光筆予以標示。

檢驗理解程度

聆聽學生們的討論與反應，也給予意見回饋，以協助他們辨認出自己的定型化思維反應，並做出回應。在學習過程中，要檢視學生們用顏色標示出來的兩種思維訊息，確保他們確實已經懂了，並給予意見回饋。

補充與延伸想法

1. 請學生把定型化思維的自我對話，重新改寫為成長性思維的自我對話。
2. 請學生為自己的定型化思維取個名字。賦予它一個人格，將會有助於學生辨識出被觸發的定型化思維。（關於這堂課的細節，請參閱《成長性思維學習指南》書中〈第十個月：我做得到〉。）

現在我在想什麼

請把你在各站之間移動時心裡的想法，寫在以下的思想泡泡裡。

第 1 站

第 2 站

第 3 站

第 4 站

第 5 站

第 6 站

第七課

挑戰自我覺察

課程時間：60 分鐘。

給老師的話

這一課的重點在於：如何透過向學生提問，引導他們自我覺察，發現自己的長處與弱點；檢視自己的作業成果與人際關係，探索它們可能會如何受到這些長處與弱點的影響。對於我們每個人來說，養成自我覺察的能力或反省自身所作所為的能力，是至為關鍵的。自我覺察是發展自我控制、自尊、自我效能等其他社會與情感能力的重要先決條件，對學生的學習與發展扮演了重要的角色。培養自我覺察，可以讓他們發展出對於自己的個人目標與自我感受的理解，並得知為何自己會有動力採取某些特定的行動。

學習目標

上完這一課後，學生將能了解自我覺察的定義，並展現出對於個人長處與弱點的知識。

資源與教材

1. 自我覺察的定義（見 73 頁）。
2. 自我覺察任務卡 1 到 10。
3. 任務卡回應單。
4. 白紙。
5. 彩色鉛筆、蠟筆及無毒麥克筆。

教學方法

老師做 在開始上課前，老師先觀看 ThinkTVPBS 在 YouTube 上的《自我覺察》影片，以釐清自我覺察的意義，以及它和成長性思維的連結。

跟學生說 今天，我們要探討的是自我覺察。自我覺察就是了解你自己想要什麼、你有什麼感受，以及為何你會有動力採取某些特定的行動。自我覺察可以幫助我們反省自己的行為，一旦我們發展出這項能力，就可以針對自己的某些事做出評判，也有助於我們考慮別人的行為與感受背後代表的意義，我們將因而變成別人眼中更棒的朋友與同學。現在，我要讀兩個故事給大家聽，我希望你們試著判斷，故事裡的人物是否展現出自我覺察。

故事一

但丁側身橫過走道，在靠近凱特的時候，用自己的橡皮擦去彈她。凱特轉向他，要他不要再這麼做。但丁笑了，又做了一次同樣的事。凱特把她的桌子從但丁身旁移開，但他的身體又靠得更近，而且又彈了一次凱特。

「請你不要再彈我了！」凱特大吼。老師聽到騷動，來問凱特：「凱特，怎麼回事？」凱特說：「但丁一直用他的橡皮擦彈我，而且不願意收手。」老師轉向但丁，但丁說：「我沒錯，是凱特開不起玩笑。我只是和她鬧著玩而已。」

老師問在這個故事裡，但丁是否展現出他的自我覺察？你是怎麼知道的？

跟學生說現在來聽聽另一個故事。

故事二

課堂報告的那一天到了。米亞起床時滿身是汗，呼喊著媽媽過來。她說：「媽，我覺得自己今天沒辦法上學。」媽媽問她：「為什麼？你覺得不舒服嗎？」媽媽摸了米亞的額頭，確認她是否發燒了。米亞說：「我沒有生病，但是我很緊張。今天我必須在全班面前上台報告。我覺得很忐忑不安，只要想到這件事，我就覺得好不舒服。」

米亞的媽媽清楚知道，女兒每當要在大庭廣眾面前講話，就會感到很不自在。她溫柔的問：「要是你上台報告，可能發生最糟糕的事是什麼？」

米亞說：「這個嘛，我可能會講錯東西，在全班面前一副蠢樣。」她又說：「不過，如果我不去上學，我的搭檔喬翰就得一個人上台報告了。比起展現一副蠢樣，讓他失望可能會更糟糕，因為他一定會很沮喪。」

米亞的媽媽說：「聽起來你已經有答案了。去穿衣服吧，我會做你最愛的早餐給你吃。」米亞下了床，告訴自己她辦得到，也做好準備，面對這一天的挑戰！

老師問 在這個故事裡，米亞如何展現出她的自我覺察？

老師做 在學生聽過以上故事，並了解自我覺察的定義之後，把他們的注意力帶往你早已在教室裡張貼的「自我覺察任務卡」(70 頁)。提醒學生善用這些卡片，幫助他們對於自己的自我覺察有所省思。學生可以獨力回答這些任務卡，只要把自己的答案寫在或畫在任務卡回饋單（見 71-73 頁）上即可。

在學生造訪過每一個任務卡的站點後，請他們在一張白紙上畫出自畫像。然後，根據自己在每張任務卡填寫的答案，在自畫像上標出自己的長處、弱點及恐懼。

跟學生說 我們每個人要先知道自己的長處與弱點，才能幫助我們開始自我覺察。下次上課，我們會把焦點放在自己的長處上，以及我們如何能夠運用自己的長處幫助別人，同時讓我們班變成一個更好的地方。但今天，我們先把焦點放在你們剛才寫下來的自己的弱點與恐懼上。

每個人都有弱點，只要我們能補強弱點、克服恐懼，就是在進行自我覺察。接下來我們要看一段影片，談的就是我們如何運用對於弱點的自我覺察，改變自己的行事策略，進而改善成果。

老師做○播放《「當個創世神」生存教學，第七回：自我覺察》（Minecraft Survival, Ep.7: Self Awareness），YouTube 上 LW4K Gaming 頻道的影片[*]。

老師問●影片中提到，了解自己的弱點以及改變策略，如何幫助那些電玩遊戲的玩家？

跟學生說●就像影片提到的，一旦我們對自己的弱點有所覺察，我們就能改變自己原本的策略，以獲取更好的成果。舉例來說，要是你的弱點之一是記不住人家的指示，或許你可以改變策略，在聽取指示時做筆記，這樣一來，你就可以隨時再拿筆記出來看了。能夠自我覺察自己的長處與弱點，是成為一個更棒的學生或更好的朋友的第一步。

老師做○收集學生們的自畫像，下次上課時還會運用到。

檢驗理解程度

重新檢視學生作品，以確認他們了解自我覺察的意義。在上本章第八課時，請將這些自畫像再發還給學生。

＊ 譯注：LW4K 即 LearningWorks for Kids 的縮寫。

補充與延伸想法

1. 閱讀繪本《心裡的獅子》(*The Lion Inside*),瑞秋・布萊特(Rachel Bright)文、吉姆・菲爾德(Jim Field)圖。

自我覺察任務卡

任務卡 1：找出你在學校時擅長做的事

任務卡 2：找出你在學校時不擅長做的事

任務卡 3：你在學校時喜歡做什麼？當你做自己喜歡做的事時，有什麼感覺？

任務卡 4：你在學校時害怕做什麼？當你做自己不喜歡做的事時，有什麼感覺？

任務卡 5：舉出至少一項你在學校時害怕做的事。為什麼你害怕做這件事？

任務卡 6：你能找到一種方法克服這種恐懼嗎？為了達成這個目標，你得付出什麼代價？有什麼因素可能阻止你這麼做？

任務卡 7：要是你克服這種恐懼，可能發生最不好的事情是什麼？可能碰到最棒的事情是什麼？

任務卡 8：要是你不努力克服這種恐懼，你可能會有什麼樣的遺憾？

任務卡 9：你的恐懼屬於以下哪一類呢？

1. 他人對我的評判
2. 可能展現出一副蠢樣
3. 為了這件事而必須付出的努力程度
4. 失敗的可能性
5. 遭到批評的可能性
6. 那些已經成功的人對我的脅迫
7. 其他＿＿＿＿＿＿

任務卡 10：如果其他人也有這種恐懼，你會鼓勵他們試著去做哪三件事？

任務卡回饋單

複印這些任務卡，發給每位學生一疊卡片。

你在學校時擅長做什麼事？

你在學校時不擅長做什麼事？

你在學校時喜歡做什麼？當你做自己喜歡做的事時，有什麼感覺？

你在學校時害怕做什麼？當你做自己不喜歡做的事時，有什麼感覺？

舉出至少一項你在學校時害怕做的事。為什麼你害怕做這件事？

你能找到一種方法克服這種恐懼嗎？要達到這個目標，你得付出什麼代價？有什麼因素可能阻止你這麼做？

要是你克服這種恐懼，可能會發生最不好的事情是什麼？可能會碰到最棒的事情是什麼？

要是你不努力克服這種恐懼，你可能會有什麼樣的遺憾？

你的恐懼屬於以下哪一類呢？

1. 他人對我的評判
2. 可能展現出一副蠢樣
3. 為了這件事而必須付出的努力程度
4. 失敗的可能性
5. 遭到批評的可能性
6. 那些已經成功的人對我的脅迫
7. 其他__________

如果其他人也有這種恐懼，你會鼓勵他們試著去做哪三件事？

1. ....
2. ....
3. ....

自我覺察

了解自己想要什麼、有什麼感受，

以及為什麼會有動力去做某些特定的事。

第八課

長處之鏈

課程時間：20 至 30 分鐘。

給老師的話

對於自己的長處有所覺察，同時知道自己能如何運用這些長處來幫助自己與別人，將有助於在課堂裡締造強烈的積極互賴感，養成學生們彼此依賴、相互鼓勵的氛圍。在這樣的氛圍裡，所有學生都是同一個團隊的成員，都在為實現個人目標與團隊目標而努力。相反的，消極互賴的文化將會助長定型化思維，因為學生們覺得自己必須打敗別人。在積極互賴的環境下，每個人都可以善用長處，為團隊貢獻一份心力，那是基於一種價值，而非一種威脅。

在本堂課藉由打造團隊的活動中，應高度聚焦於每一個成員的長處，強調運用個人長處為整個團隊創造貢獻。想想《復仇者聯盟》(*The Avengers*)吧!每一位超級英雄都有各自的長處,而當他們以團隊形式合作時,就顯得所向無敵。班級的學習環境亦是如此,應培養學生之間互不競爭的氛圍,創造成員透過彼此合作,以改善個人成果與團隊成果的情境。

學習目標

上完這一課後,學生將能看出每個成員的長處,以及如何能夠結合眾人長處,讓整個團隊變得更強大。

資源與教材

1. 沿用第七課的「自畫像素描」。
2. 發給學生填寫的「同儕回饋訪談單」。
3. 美工彩色紙。
4. 無毒麥克筆。
5. 膠水。

教學方法

老師做提醒學生關於自我覺察的意義,聽取他們對於上一課那些任務的簡報。把自畫像素描發還給他們,也允許他們做任何必要的修改。

把學生分成每三人一組,請他們輪流把自己畫的素描分享給其他組員看,並描述一下自己列出來的幾個長處與弱點。等同組的每個人都分享完後,要他們填寫同儕回饋訪談單(見

78 頁），請組員給予意見回饋。

至關重要的是，課堂環境與學生們彼此的關係必須要有一種安全感、歸屬感與支持感，否則要把自己的弱點分享給別人知道，就太違反直覺了。如果課堂的安全感與歸屬感目前仍在醞釀階段，則有必要避免讓學生直接進行自我揭露弱點。

要學生把自己的所有長處寫在片狀的美工彩色紙上，把每個長處都寫在彩色紙片上後，再讓學生把這些彩色紙片組成一條紙鏈，這條紙鏈就代表他的所有長處。

跟學生說這是我們的長處之鏈！這些紙鏈是堅韌又有彈性的。大家組成的團隊，一樣是堅韌又有彈性。我們之所以堅韌，是因為每個人都帶著不同的長處到課堂上來。我們之所以有彈性，是因為我們可以再發展新的長處，並運用我們的長處，在別人需要的時候幫助他們。

現在我要把大家的紙鏈懸掛在教室裡，好讓大家記得，當我們團結在一起時，我們班究竟有多強韌。你們每個人都是強韌的個體，當聚集在一起之後，又變得更強韌了。

檢驗理解程度

問學生一個問題：一根木棍與一綑木棍，哪個比較容易折成兩半？他們是否能把這個例子類比到團隊的長處上去？要學生想想，在什麼狀況下，他們如何能夠因為團結而變得更堅韌。聽聽他們的回答，促進他們的討論。要確保所有學生都在這個過程中看到了自己的價值。問問他們如何能夠幫助彼此持續補強自己的弱點。聽他們的說法後，給他們一些有助於學生們培養成長性思維自我對話的建議。

補充與延伸想法

1. 讓學生在整個學年裡，每當又發展出新的長處時，可以繼續增加新的長處紙片到紙鏈上。
2. 讓學生針對新發現到的弱點建立補強計畫；在這個學年裡，檢視學生的補強狀況。
3. 欣賞《小孩總統要鼓舞你的一番談話》（A Pep Talk from Kid President to You），YouTube 上「參與者」（Participant）頻道的影片。

4. 閱讀繪本《非典型龍》（*Not Your Typical Dragon*），丹・巴爾・艾爾（Dan Bar-el）著。
5. 上完第八課後，讓學生把自畫像帶回家，和父母或家人討論自己的長處與弱點。

同儕回饋訪談單

同儕回饋

我的長處可以如何幫助我們的團隊？

....

....

有沒有可以幫助我補強弱點的好點子？

....

同儕回饋

我的長處可以如何幫助我們的團隊？

....

....

有沒有可以幫助我補強弱點的好點子？

....

同儕回饋

我的長處可以如何幫助我們的團隊？

....

....

有沒有可以幫助我補強弱點的好點子？

....

第九課

大腦的超強能耐：神經可塑性

課程時間：20 至 30 分鐘。

給老師的話

人類的大腦是進化的神奇成果。每當不同環境下有新體驗或新互動，我們的大腦就會有所變化、做為因應。我們可以把大腦想成是一部電腦，不同的是，它不是每個月更新升級一次，而是分分秒秒都在做這件事。神經可塑性——大腦終其一生的調適能力——隨時都在發生。只要透過練習、勤奮以及努力，人類有能力可以促使大腦的成長與改變發生。

在本堂課裡，學生們會學到大腦的成長與改變能力。我們也有一個好消息要告訴那些覺得自己的腦子「卡卡」的人：我們確實有能力透過行為與習慣，激勵大腦改變與成長。

學習目標

上完這一課後，學生將能學到關於神經可塑性的知識——也就是大腦改變與成長的能力——以及這樣的過程在我們的生命中扮演了什麼樣的角色。

資源與教材

1. 「神經可塑性」定義（見 84 頁）。
2. 電腦與投影機。
3. 《大腦學騎反向腳踏車》（The Backwards Brain Bicycle），YouTube 上「一天比一天聰明」（Smarter Every Day）頻道的影片。

4. 稜鏡眼鏡（非必要）。

教學方法

跟學生說：今天，我們要來學個新字眼：「神經可塑性」。

老師做：把字寫出來，好讓學生們知道它怎麼寫。請他們跟著複述這個字，以增加學習的印象。

老師問：你們知道人類的大腦原本就內建改變的線路嗎？

跟學生說：儘管我們的大腦結構要到二十五歲左右停止增長，但大腦仍舊持續改變著我們的人生，這要歸功於一種大腦的「神經可塑性」現象。神經可塑性指的是大腦能夠終其一生持續改變與成長的能力。

神經可塑性這個字眼，是由兩個字結合而來的：「神經元」

與「可塑性」。神經元就是我們大腦內部數以十億計彼此相連的細胞，可以協助我們做事情。當神經元和神經元連結起來後，就會在我們的大腦裡創造神經通路。

當我們愈常使用學到的新技能，就會愈快建立神經通路連結。當你相當擅長做某件事時，你的神經元會以極快的速度經由你所建立的神經通路放電；當你不那麼擅長做某件事，或只是初次學著做時，神經元的放電速度就會很慢。但是當你愈練習，你的神經元就愈能記住更多東西，放電速度也會變快，也就是說，你在完成該任務時的速度會變快，成果也會更好。

好了，其實有個小祕密，那就是：小朋友的神經可塑性特別高。人在年輕時，學習新事物的能力會達到最巔峰！你的大腦會比大人的大腦來得更有可塑性很多。接下來，我們要來看一部關於神經可塑性的短片。

老師做 播放《大腦學騎反向腳踏車》，YouTube 上「一天比一天聰明」頻道的影片。

跟學生說 在影片裡，德斯汀（那個大人）花了八個月學會如何騎那輛反向腳踏車。但他的兒子只花了兩個星期。這是因為，小朋友的大腦可塑性比大人高得多。是的，沒錯，你們的大腦擁有神經可塑性的威力！

老師做

➤ **可採行的沿伸討論：**和學生講一個以前你真的很努力提升某項技能的故事，以及如何從練習中慢慢進步，並連結到「大腦學騎反向腳踏車」上。

➤ **可採行的沿伸活動：**買一副稜鏡眼鏡，或是用貼上稜鏡貼片的一般安全眼鏡代替。讓學生先是在不戴眼鏡下把球丟到桶子裡，然後再請他們戴上眼鏡丟球。當學生們沒戴那種眼鏡時，丟球非常容易，因為他們原本就是學會這樣丟球的。但是當學生戴上那種眼鏡後，那就是全新的體驗了，學生會發現丟球變得好困難。當大腦適應新眼鏡後，丟球就會慢慢變得簡單多了。讓學生們討論箇中的變化，並特別留意戴著那種眼鏡時，要丟幾次球才會進步。然後要學生再把眼鏡拿下來，回到不戴眼鏡丟球的方式。注意當再調適回「正常」丟球方式時的感覺，並請學生討論有什麼有趣的地方。

檢驗理解程度

1. 聆聽學生們對於神經可塑性的討論，鼓勵他們訂定學習新事物的計畫，並邀請爸爸或媽媽一起學習，讓更多人知道自己的大腦有這樣的神奇力量。提供學生們機會到其他課堂去，分享自己對於神經可塑性這種神奇力量的理解。
2. 以下是一些可以鼓勵學生嘗試的例子：
   - 學習雜耍。
   - 學習新語言。
   - 表演樂器。
   - 學習新舞步。
   - 學習握手。
   - 學習騎單輪車。

補充與延伸想法

1. 跟隨 YouTube 上「我來試一下」（I HAVE A GO）頻道的影片「兒童的大腦如何運作：成長性思維與神經可塑性」（How Your Brain Works for kids: Growth Mindset and Neuroplasticity）裡的指示打造大腦。

2. 一起唱「神經元之歌：成長性思維與兒童的神經可塑性」（Neuron Song: Growth Mindset and Neuroplasticity），YouTube 上「我來試一下」頻道的影片。
3. 閱讀《看漫畫了解腦神經科學》（*Neurocomic*），漢娜．羅斯（Hana Roš）著、馬泰歐．法內瑞拉（Matteo Farinella）繪。

4. 欣賞「看過這個之後，你的大腦就不是原本的那個大腦了」（After Watching This, Your Brain Will Not Be the Same），拉拉．博伊德（Lara Boyd）的 TEDx Talk 影片（給較高年級學生）。

5. 閱讀《神經可塑性：學習真的改變了大腦》（*Neuroplasticity: Learning Physically Changes the Brain*），薩拉．伯納德（Sara Bernard）在「教育烏托邦」（edutopia）網站上的文章。

神經可塑性

大腦終其一生調適與形成新神經連結的能力。

第十課

如何訓練大腦

課程時間：20 至 30 分鐘。

給老師的話

在《超牢記憶法：記憶管理專家教你過腦不忘的學習力》（*Make It Stick: The Science of Successful Learning*）一書裡，作者彼得．布朗（Peter Brown）寫道：「只要花夠多心力，學習可以更深入、更持久。太輕鬆的學習就像在沙子上寫字一樣，今天還在，明天就不見了。」布朗也詳述運用提取練習（retrieval practice）及其他刻意練習的學習策略，會遠比反覆閱讀、畫重點、使用閃卡，或是在考試前一晚拚命往腦子裡塞等方式要好得多——你知道的，就是學生們通常會採用的那些典型讀書方式。

我們可以教導學生簡單的學習策略，來改善他們的讀書習慣，幫助他們把學習到的資訊，留存在腦子裡並維持很長一段時間，也讓他們一輩子都能運用我們今天教給他們的東西。

學習目標

上完這一課後，學生將能在課堂上或私下自行練習提取資訊的策略。

資源與教材

1. 發給學生的「我的問題地圖」。
2. 發給學生的「提取練習井字遊戲格」。
3. 發給學生的「提取練習思考單」。

教學方法

在你的課程中納入提取練習，對於學生的學習極有助益。明確教導學生如何自行做這樣的練習，尤其在他們學習新內容時，這項學習策略會很有幫助。

學生們可以利用的提取練習策略有：

1. 請學生記下一個學生關於學習上遭遇的問題，以及在任何一堂課中學到的兩件事。鼓勵學生在「思考・配對・分享」小組裡與同學分享，並提供意見回饋給學生。
2. 邀請學生在問題地圖上用提示詞記錄資訊，導引提取的過程，並在他們想起一些其他資訊時再加進去。

老師做○上完一堂課後，讓學生以兩人或三人為一組，執行「大腦傾存」(brain dump)，也就是把大腦裡所有的東西都「傾倒」出來，寫下所有能夠回想到的課程資訊，或是製作一份問題地圖（如 89 頁所示）供大家傳閱。在這份地圖上，所有學生先從關於課程的一個大問題開始提問，接著再問出更多腦中想到的問題。學生們可以在自己的紙上寫下一些問題，接著，我們把這些問題拿來玩提取資訊的井字遊戲。

把「提取練習井字遊戲格」(如 90 頁所示）發給小組。或者你也可以把全班分成兩隊，然後在海報紙或在白板上，秀出一個大大的井字遊戲格。

1. 請學生們運用大腦傾存所得到的筆記，或是「我的問題地圖」學習單上的內容，安排問題給對方陣營回答。
2. 由其中一組（隊）問一個問題，再由另一組（隊）的成員合作想出正確答案。要是對方答對了，就可以在井字中畫上玩遊戲前就決定好的本隊代表符號（以 x 或○表示）。
3. 兩組（隊）輪流問問題與回答問題，答對了就在井字方格上做標示，直到遊戲結束。
4. 老師可以把這個遊戲當成一種形成性評量。過程中，老師要在課堂上四處走動，以協助遊戲的進行，並確認學生的答案是否正確、認知是否無誤，或是否有學習得不夠明確之處。運用遊戲中掌握到的資訊來調整教學，以期滿足學習者的需求。

檢驗理解程度

觀察學生在學習時運用的提取練習策略，鼓勵他們繼續練習。若能不時在課堂中夾雜一些小問答，將有助於提醒學生提取資訊。切記，練習提取資訊和總結性評量是不一樣的。提取練習是學習過程的一部分，不該為此給學生打分數，而是要根據形成性評量，提供有意義的意見回饋給學生。

補充與延伸想法

1. 你可以提供額外工具給學生練習提取資訊。例如：要他們自製學習閃卡，練習有效率的運用這些卡進行學習。要他們在筆記上添加素描或圖畫，或利用概念地圖、問題地圖或其他圖像組織工具。別忘了，總結學習內容也是很重要的一步，藉由答題系統（clickers）、思考單以及寫作提示（writing prompts）等，都是能促進提取練習學習效率的策略，重點都在提醒我們：教學的重點在於，學生是否能應用學習到的內容。
2. 造訪「提取練習」網站 retrievalpractice.org，了解更多資訊與免費資源。
3. 欣賞《讀書策略：提取練習》（Study Strategies: Retrieval Practice），YouTube 上「學習科學家」（The Learning Scientists）頻道的影片。

我的問題地圖

提取練習井字遊戲格

提取練習思考單

我學到的兩件事是：

我想問的一個問題是：

我學到的兩件事是：

我想問的一個問題是：

我學到的兩件事是：

我想問的一個問題是：

PART2

打造課堂社群

「獨自一人，能做的事情不多；大家一起，能做的事情可就多了。」

——海倫凱勒（Helen Keller）

本章介紹

本章將帶領你打造一個學習者的課堂社群。設定課堂的規範與規則，是進行班級經營最基本的元素之一。但如果你是從成長性思維的觀點來設定規範呢？在一個課堂社群中，針對規則、共識、例行事務，乃至於風氣所做的這個小小的改變，將會有助於孕育課堂社群的成長性思維——學生們既會了解到個人的努力有其價值，也會知道眾人的努力也會創造出集體效能。

第一課

制定課堂規範

課程時間：20 至 30 分鐘。

給老師的話

在開學第一天，老師一般都會制定課堂規範。但這麼做，有可能會適得其反。理由是，了解你的這群學生在課堂中需要什麼樣的規範，需要靠時間累積才能知道。因此，或許我們可以將「制定課堂規範」這件事稍稍延後，這不僅會更有助於你精確判斷，在不同的課堂中究竟需要哪些不同的規範，也會幫助你更有意識的考量，什麼樣的教學方法與評鑑方式最能幫助學生發展成長性思維的語言。

在本課中，你得在制定課堂規範之前的幾個星期裡，先做一些觀察的工作，並從中整理在課堂中發現的幾個問題，然後將這些問題傳達給學生知道，並請他們共同藉由課堂規範的討論，協助你找出問題的解決方案。

要注意的是，「規則」和「規範」並不一樣。規則訂出來就是要讓人遵守的，通常是為了確保學生的安全起見，由老師單向宣布。比方說，「離開教室前要先告訴老師」，這個規則可以也必須在開學第一天就訂定。但另一方面，「規範」則是一種集體的決定，必須經由團隊全體成員的同意。一旦學生們參與制定課堂規範的過程，他們會更願意遵從或是執行這些規範，畢竟這些規範是他們自己投入心力制定而成的。

學習目標

上完這一課後，學生將能透過共同合作，創造出能夠支持成長導向學習環境的課堂規範。置身在這個環境裡的成員，都具有安全感、支持感與歸屬感。打造與培育這樣的風氣是有必要的，如此一來，學生會更不怕冒險，也更願意減少評判別人或自己，同時在這樣一個成長導向的環境裡，充分發展他們的技能、天分以及能力。

資源與教材

1. 要討論的問題。
2. T 形圖。
3. 便利貼。

教學方法

老師做◎在訂定課堂規範前，根據開學後二至四週的課堂狀況，提出一些你觀察到的問題。把你所看到的問題或難題，列在 T 形圖的其中一邊，要學生在他們的便利貼上，寫下足以用來建立常規、克服問題或難題的可能答案（可參考 97 頁範例）。

把學生的答案拿來做為討論的輔助，並整理出五至七項對所有學生來說，能夠激起與支持成長性學習環境的課堂規範。建議盡量用正向而簡單的用詞，重新陳述這些規範，讓學生便於牢記在心。你甚至可以考慮把這些規範濃縮為一或兩個有力量的字句，例如：聚焦於成長的學習者、問題解決者或足智多謀的學習者。這樣的做法一方面可以讓學生更容易參考這些規範，二方面也更容易強化這些規範。

其他可以建立的課堂規範包括：

1. 讚美時把重點放在行為上，給予意見回饋時要用成長性思維的言詞。例如：「我真的很欣賞你聚焦於完成任務的方式。你一直居中主導，會把成果展現給外界看，還會嘗試以不同方式解決問題。」
2. 鼓勵學生要當個問題解決者。（你可以想想其他具有力量的字句例子。）

觀察結果／問題	解決方案
● 觀察結果： 當我們準備要自行完成一項作業時，我聽到有人說：「她一定很聰明，她總是好快就把作業做完。」 **➤ 為何需要討論這個問題？** 這樣的想法可能會讓學生擔心，要是得花更多時間才能完成作業，自己看起來會一副蠢樣。	**● 可能的解決方案：** 作業完成的速度快或是時間短，不該用來判定一個人是否聰明。可以考慮把讚美的重點放在行為上，稱讚那些勤奮做作業、並把作業精確做好的人，而非讚美完成的速度很快。
● 觀察結果： 我觀察到有些同學很少問問題，在解決問題時所用的方法很有限。不問問題的原因是害怕自己會問錯問題或犯錯，使得別人譏笑他們。 **➤ 為何需要討論這個問題** 當我們不問問題，就是在限制自己的學習，而犯錯，原本就是學習過程的一部分。要是我們不問問題，我們就無法成為不斷成長的「麻煩解決者」；要是我們不把犯錯當成學習的一部分，我們的大腦將無法成長。	**● 可能的解決方案：** 鼓勵學生嘗試多種解決問題的策略，要把自己當成是「麻煩解決者」。若能促使課堂成為一個協作學習的環境，將會有助於形成多管齊下解決問題的氛圍。 邀請學生們回頭去看自己犯的錯，並評估自己是怎麼犯錯的，以及犯錯的原因何在。教導學生思考當同儕犯錯時，自己該如何看待，並在自己犯錯時，改掉那些定型化思維的自我對話。

檢驗理解程度

在課堂上公布這些規範（可運用 99 頁表格），每一項規範要附上一些具體行動，還要用言詞以外的方式表達出來，同時教導學生一旦課堂規範未能落實，該如何適切的反應。要讓這些規範成為課堂裡的每日例行公事，好提醒學生們規範的存在，這也會讓你更有意願打造一個有利於鼓勵學習者發展，並且能應用成長性思維的學習環境。切記，當學生犯錯時，務必用成長導向的言詞回應他們。

補充與延伸想法

請學生運用濃縮課堂規範而得、具有力量的字句，描述或記錄每天的學習狀況。例如：我運用我的資源（筆記、書、同儕、影像等），幫助自己完成任務，扮演問題解決者的角色。

我們的課堂規範

1.

2.

3.

4.

5.

第二課

開發情緒智能

課程時間：20 至 30 分鐘。

給老師的話

想要和別人進行有效溝通，「情緒智能」（emotional intelligence，亦稱「情緒商數」或簡稱「情商」）是很關鍵的一項因素。亦有研究指出，情緒智能還會影響學生的學習與成就。在這一課裡，我們要探討不同類型的情緒，以及我們該如何善用對於各種情緒的理解，改善我們和別人的溝通。

當我們在教學時，如果能以自己的個人經驗為例（無論你能或不能掌控自己的情緒，都沒關係），將成為帶領學生了解自己在不同情境下情緒反應的絕佳示範。不要害怕去談論你人生中的這些經歷！你的坦率將有助於學生更真誠面對自己與別人的情緒，乃至於發展情緒智能。

學習目標

上完這一課後，學生將能區辨什麼是情緒智能，以及我們如何能運用對情緒的了解，與他人連結與溝通。透過這樣的練習，未來學生在因應各種情境時，將能夠更仔細的設想與進行自我調整。

資源與教材

1. 《認識萊莉的各種情緒》（Meet Riley's Emotions），取自皮克斯電影《腦筋急轉彎》（Inside Out）中的一段影片（這段影片可以從電影中找到，也可以直接上 YouTube 的 Stuffs That Matters 頻道）。
2. 「情緒智能」的定義（見 102 頁）。
3. 「下雪天！」情緒智能活動說明及學習單。

教學方法

跟學生說 我們一直在探討成長性思維，也就是認為「凡事自己都能夠藉由投入與努力而更為進步」的一種信念。今天，我們要探討的則是，當我們試圖在某件事情上有所進步的過程中，可能會碰到的一些感受。心理學家保羅・艾克曼（Paul Eckman）發現，人類有六種基本的情緒，包括：憤怒、恐懼、悲傷、厭惡、快樂以及驚訝。接下來，我們要藉由電影《腦筋急轉彎》，來認識其中五種情緒。我從這部電影中擷取了一段影片，我們一起來看看。

老師做◦播放影片《認識萊莉的各種情緒》，出自 YouTube 上的 Stuffs That Matters 頻道。

跟學生說•（在看完影片後）在這段影片裡，我們認識了快樂、憤怒、恐懼、悲傷，以及厭惡。我們每個人都有這些情緒！現在，我們來認識一個詞彙：情緒智能。我們先把這個詞彙拆成兩部分：一個是情緒，一個是智能。

老師問•我們一起想一想：什麼叫做「有智慧」？（學生可能會回答：「很聰明」、「懂得很多事」之類的答案。）沒錯，那代表對於某些事具有深刻的了解或擁有相關知識。那麼「情緒」是什麼意思？（學生可能會回答：「感受」之類的答案。）沒錯，情緒是一種強烈的感受——它可以是開心、憤怒、恐懼、悲傷或厭惡等感受。這些全都是情緒。把這兩個字湊在一起，就是情緒智能。你們覺得這個詞彙代表什麼意思？（學生可能會回答：「對於自己的感受很有智慧」之類的答案。）沒錯，擁有情緒智能就代表著，你可以理解自己的感受，也能理解別人的感受。

老師做◦把情緒智能的定義貼出來，方便大家參閱。

情緒智能是一種可以理解自己感受與別人感受的能力。

跟學生說•首先，我們要知道的是，每個人對於同一個情境，未必都會出現同樣的情緒反應。為了了解這一點，接下來我們要來玩一個名叫「下雪天」的遊戲。我已經在教室裡設置了六個站點，每一站顯示著不同的人受到下雪天的不同影響。你們的任務是在學習單上記錄這些人對於下雪天的情緒反應。

老師做：把學生分成幾個小組，或是不分組也可以，請大家閱讀故事中每個人受到下雪天的影響。請學生們進行討論：為什麼即使面對的是同樣的情境，不同人卻會產生不同的情緒？

如果你的學生是較年長的孩子，也可以請他們針對某種情境創造出不同人物，並設想不同人對於同一情境的情緒反應，這樣的活動會更具批判性思考。例如，有人在威爾森老師的線上考試當天，在開始考試時就把答案張貼出來。想想看，不同人對於這件事會有什麼樣的感受？

檢驗理解程度

查看學生們的回應，檢視他們如何透過每一站的任務，仔細思考情緒這件事。聽取學生們的想法，以確認他們對於情緒智能的理解，並詢問他們如何把所學到的東西，應用在每天的學習當中，藉以建立情緒智能。

補充與延伸想法

1. 請學生為前面討論過的五種情緒，分別列出能夠代表該情緒的歌曲播放單。
2. 請學生為這五種情緒找出同義詞。
3. 請學生把不同情緒詞彙組合起來，看看他們有什麼發現（例如：「恐懼＋憤怒＝憎恨」；「悲傷＋恐懼＝焦慮」之類的組合）。

下雪天！情緒智能活動

星期五，一場暴風雪突然來襲。所有學校全都關閉。我們來看看大家對於下雪天有什麼感受！

第 1 站：三年級的德瑞克

星期五德瑞克有拼字考試，他感覺很緊張。他應該要用功準備，但他還準備得不夠。他覺得如果能夠再有多一點時間，他就能為考試做好萬全準備。

第 2 站：校長史密斯太太

雖然學校停課，史密斯太太還是必須在星期五開車到校。她得確認沒有任何小朋友被家長送到學校來，並安排工友們為人行道鏟雪。

第 3 站：一年級的瑟蕾娜

星期五是學校才藝表演甄選的日子。瑟蕾娜負責彈奏鋼琴。為了這個甄選，她已經準備好幾個星期了，對於甄選一事，她感到很期待。

第 4 站：班級導師喬森先生

喬森先生煞費苦心才終於邀請到一位特別的客座講者，在星期五到他班上進行演講。這是個千載難逢的機會，因為過了星期五之後，這位講者就要到國外旅行，很難有機會再找另外一天到班上來。

第 5 站：五年級的敏敏

在這個世界上，敏敏最愛的就是滑雪橇了。她一直期待能有一場大雪，好讓她和朋友們能夠到公園裡，從大山丘上乘著雪橇往下滑。

第 6 站：羅傑斯警員

這場暴風雪造成嚴重的交通狀況，羅傑斯警員接到命令，出來街上巡邏，協助一些下雪天裡可能把車子撞壞或是打滑跌倒的民眾。

「下雪天！」學習單

閱讀每一位人物在下雪天面臨的情況。你覺得他們對於下雪天可能有什麼感受？把你的答案寫下來。

德瑞克有什麼感受？

....

....

史密斯太太有什麼感受？

....

....

瑟蕾娜有什麼感受？

....

....

喬森先生有什麼感受？

....

....

敏敏有什麼感受？

....

....

羅傑斯警員有什麼感受？

....

....

你會有什麼感受？

....

....

我在想什麼？

在你走過每一個任務站點時，把你心裡想到什麼，寫在下面的思想泡泡裡。

第 1 站

第 2 站

第 3 站

第 4 站

第 5 站

第 6 站

第三課

抱持感謝之心：創造善的循環

課程時間：20 至 30 分鐘。

給老師的話

研究已經證明，當我們向他人表達或收到他人的感謝時，大腦會釋放出多巴胺（dopamine）與血清素（serotonin），這是兩種讓我們感受良好、更加快樂的化學物質。有趣的是，即使不是出自自發性的感謝，而是刻意表達感謝，對我們的情緒也會帶來相同的效果。在本堂課裡，我們要幫助學生了解什麼是感謝，並在課堂上安排刻意感謝的練習。

學習目標

上完這一課後，學生將能找出自己感謝的對象，並了解練習感謝一事如何能夠支持快樂、促進成長。

資源與教材

1.「感謝」的定義（見 110 頁）。
2. 發給學生填寫的感謝卡。

教學方法

老師做 把感謝的定義貼在牆上。和學生們分享，感謝是一種心理狀態，也是感激與感恩的表現。

跟學生說 研究證明，向他人表達感謝能促進我們的快樂與幸福感，尤其是當我們面對極具挑戰的任務，或是當處在逆境中努力不懈時，表達感謝會為我們帶來莫大的助益。當我們在表達感謝時，大腦會釋放出多巴胺與血清素，兩者都會讓你感到快樂。每天都表達感謝，可以強化你的神經通路，繼而提升快樂的感覺。

現在，請你找一個夥伴，向他訴說你要感謝他的三件事。然後角色互換，換他向你分享要感謝你的三件事。

老師做 請學生分享他們的夥伴向他們感謝的其中一件事，並在黑板或白板上記錄下來學生們的回答。提醒學生每天都留一些時間練習感謝，這是一件很容易做到的事情。尤其當學生們面對逆境和挑戰，或是覺得特別有壓力時，練習感謝這件事顯得更加重要。

可以運用寫了還可以輕鬆擦除的感謝小卡。製作方式就是用影印後護貝的方式，讓學生們可以每天用來練習感謝，或是也可以影印成單張（不護貝），讓被感謝的對象寫上回應後，再將感謝小卡放在透明的資料保護套裡便於收藏。

檢驗理解程度

鼓勵學生們多多表達感謝，努力建立更強韌的神經通路連結，以促進幸福感。可透過每星期全班都齊聚一堂的時段，全班一起培養感謝的態度。教師可以仔細閱讀學生填寫的感謝卡，深入了解一下他們的理解程度。

補充與延伸想法

1. 閱讀繪本《小熊說謝謝》（*Bear Says Thanks*），卡瑪・威爾遜（Karma Wilson）著。
2. 閱讀繪本《驢小弟變石頭》（*Sylvester and the Magic Pebble*），威廉・史塔克（William Steig）著。
3. 閱讀繪本《百萬個感謝》（*Thanks a Million*），妮基・格萊姆斯（Nikki Grimes）著。
4. 閱讀繪本《感恩之書》（*The Thankful Book*），托德・帕爾（Todd Parr）著。
5. 欣賞《想要快樂？那就感恩》（Want to Be Happy? Be Grateful），大衛・斯坦德爾—拉斯特・（David Steindl-Rast）的 TED Talk 影片。

感謝

感激的一種心情；

已經準備好要感恩或是回報別人的善意。

請將本張單子影印、護貝，然後切割成一張張小卡片發給學生（卡片可以重複使用）。

感謝卡

我要感謝的三件事：

1. ....

2. ....

3. ....

感謝卡

我要感謝的三件事：

1. ....

2. ....

3. ....

感謝卡

我要感謝的三件事：

1. ....

2. ....

3. ....

感謝卡

我要感謝的三件事：

1. ....

2. ....

3. ....

第四課

我的核心價值

課程時間：20 至 30 分鐘。

給老師的話

在開始上這堂課之前，我們必須先自問：「價值觀是什麼？」價值觀是個人對事物重要性的評價與基本態度，它們會影響我們日常所做的決定與採取的行動，是引領我們人生的重要準則。每個人的核心價值觀不盡相同，對某人而言極具價值的事物，對另一個人而言則卻未必有價值。

找到自己所認同的核心價值，不僅能幫助我們安排生活中的優先事項順位，也會影響我們想和哪些人建立更長遠的關係。值得注意的是，每個人往往都有很多重視的價值，所以需要先釐清自己的價值清單，找出對自己來說最重要的三項價值。找出我們的核心價值後，就能拿來和我們每天所做的選擇進行比對，評估自己在日常生活中是否真正實踐我們重視的核心價值。

學習目標

上完這一課後，學生將能找到三項自己重視的核心價值，以及三種他們在別人身上看到最重要的特質，並探討這些價值為什麼重要的背後原因。

資源與教材

1. 「核心價值」的定義（見 116 頁）。
2. 影印「我的核心價值」學習單。

教學方法

老師做 和學生們分享，核心價值就是幫助我們思考與行動的路標。核心價值可以幫我們保持專注、清楚了解自己想要追求的目標，乃至於確定自己的意圖。

老師問 你們希望自己成為什麼樣的人？為什麼？什麼事對你來說最重要？為什麼？

老師做

發下「我的核心價值」學習單。請學生在左側三格中，分別寫下三項自己重視的價值，以及自己重視這些價值的原因。接著在右側三格中，分別寫下三項自己希望別人能展現出的價值，以及自己希望別人展現這些價值的原因。

中間的空白欄位，則請學生從以下提示之中擇一執行：

1. 畫兩個圈圈交疊的文氏圖（Venn Diagram），比較你自己重視的價值以及希望別人能展現的價值之間，具有什麼相似處與差異處。
2. 哪一個是你覺得最重要的價值？為什麼？
3. 在你的心目中，哪一位你尊敬的人擁有這項最重要的價值？請試著描述他的言行舉止？
4. 請說明：你所重視的價值如何幫助你做決定？你重視的價值是否助長課堂裡的成長性思維言談？如果沒有，那麼你認為你重視的價值，能夠為課堂環境帶來什麼樣的影響？
5. 在你所重視的價值中，哪一項是你覺得自己應該繼續提升的？為何你會想要持續提升這項價值，以及你計畫要怎麼做？請舉例說明。

完成這個任務後，鼓勵學生們相互分享或以小組形式分享，自己從中學到關於自己的哪些事，以及自己重視的價值如何為課堂環境帶來貢獻。

檢驗理解程度

聽聽學生們的討論，並瀏覽他們寫的學習單，以確認學生是否了解自己所重視的價值，以及如何讓價值引導自己做決定。將學生們在學習單上分享的價值，彙整成一份班級價值清單。在討論過程中，當學生離題或出現摩擦時，適時介入以提供引導。回想起自己所重視的核心價值，有助於我們更提升自己的行動，並更能理解別人在做決定時的考量角度。

補充與延伸想法

1. 提供學生多元情境，能夠幫助他們深入思考與討論價值議題。例如，可以運用《伊索寓言》(*Aesop's Fables*) 中〈獅子與老鼠〉、〈龜兔賽跑〉、〈放羊的孩子〉、〈北風與太陽〉等故事進行討論活動，請學生思考故事中各角色所重視的價值是什麼，並討論以下問題：

   - 這些價值如何影響故事中角色的行為或選擇？
   - 這些價值和你重視的價值是否一致？為什麼？
   - 請舉例說明，你會如何鼓勵和幫助一個生活中缺乏核心價值的人？我們如何運用自己所重視的核心價值來影響周遭的人、事、物，打造一個更具成長性思維的環境？

2. 可以請學生透過書寫、自由分享或小組討論，反思以下幾個問題：

   - 自己曾經在什麼情形下，做出不符合自己核心價值的行為或選擇？

- 那次的經驗對自己造成哪些影響？
- 自己在那次的經驗中學到了什麼？

核心價值

核心價值可以幫助我們保持專注、清楚了解自己想要追求的目標，乃至於確定自己的意圖。

我的核心價值

我的核心價值		我希望別人能展現的價值

第五課

培養同理心

課程時間：20 至 30 分鐘。

給老師的話

同理心（empathy）是一種能夠與另一個人的感受、觀點或是經驗有所共鳴，可以設身處地為他人著想的能力。同理心的概念很簡單，但真的要落實起來，卻顯得困難許多，因為人類的天性就是以自我為中心。畢竟，在我們的生命經驗與人際互動裡，「我」都扮演著主角，還搭配有完整的內心獨白。

同理心是一種可以練習與發展的技能。教導學生藉由同理心的練習，學會意識到別人的感受，將有助於讓課堂環境變得更具備尊重與安全感——在這樣的環境裡，學生們將不會害怕嘗試新事物，會在自己需要幫助時出聲求助，並且不害怕踏出舒適圈。

學習目標

上完這一課後，學生將能區分「同理心」與「同情心」（sympathy）的差異，了解如何成為一個別人心目中具有同理心的人。

資源與教材

1. 表情量表。
2. 繪本《喂，小螞蟻》（*Hey, Little Ant*），菲利普・胡思（Phillip Hoose）與漢娜・胡思（Hannah Hoose）合著。

教學方法

跟學生說同理心代表能夠與人連結，而且能在不做預設的評判下體會他們的感受。也就是把自己置身於對方的角度，試圖從對方的觀點看事情。

老師做把表情量表發給學生，協助他們明確辨識量表中的臉部表情，以及如何對應到不同的感受。要學生每當辨識出一個表情背後代表的感受後，就找一個同學分享自己的發現。和學生分享相關故事，並示範自己對於這些故事主角展現的同理心反應。

接下來，玩一個叫做「這是什麼表情？」的遊戲。

讓學生排成一個圓圈，請學生低頭，將臉朝向地面。先由其中一個學生展開遊戲，請他想好一種情緒，並擺出一種表情來代表這種情緒。接著，請這個學生輕拍下一個同學的肩，等到那個同學抬頭看向第一個同學時，第一個同學就把剛才的表情表演給他看。第二個同學再用同樣的方式把表情傳遞給下一個同學，依此類推。等每一個人都傳達表情過後，請第一個同學問大家：「我的表情是什麼？」最後，請其他同學分享活動過程中他們的感受，並互相進行討論。

老師做○跟學生一起讀繪本《喂，小螞蟻》。故事裡，有個男孩試圖把一隻螞蟻捏死，好讓他的朋友們印象深刻。但是當那隻螞蟻開始看著他，並開始說話後，他終於學到有關「同理心」與「觀點取替」（perspective taking）的珍貴一課。

閱讀時可適時停頓，詢問學生們對於男孩與螞蟻的各種感受，請他們說出這些感受的詞彙，並且確認他們理解這些詞彙的定義，藉以讓他們對這些感受產生共鳴。鼓勵學生運用表情量表，彼此分享故事裡的男孩與螞蟻可能會有什麼感受。請學生分享自己從這堂課學到的東西，為這個故事寫下或畫下新的結局。

檢驗理解程度

檢視學生們為《喂，小螞蟻》創作的各種結局，以得知他們是否已經展現出對於同理心的理解。詢問學生以下幾個提示性的問題：

1. 在什麼樣的狀況下，你會知道某人具有同理心？

2. 當某人有同理心時，他會展現或顯現出什麼樣的行為、行動或談吐？
3. 請你運用描述、寫下或是畫下展現同理心的方法。

當學生在練習展現同理心時，可以提供他們一些具有同理心的範例。當學生的聆聽或回應方式展現出同理心時，也要立刻指出來給予鼓勵。可以多讀一些其他的故事，鼓勵學生討論故事裡的一個或多個角色是否展現出同理心。

補充與延伸想法

1. 閱讀《你，我和同理心》（*You, Me, and Empathy*），傑寧．山德斯（Jayneen Sanders）著。
2. 閱讀繪本《我們都是人：一起練習同理心》（*I Am Human: A Book of Empathy*），蘇珊．維爾德（Susan Verde）著。
3. 閱讀繪本《市場街最後一站》（*Last Stop on Market Street*），馬特．德拉佩尼亞（Matt de la Pena）著。
4. 閱讀繪本《艾瑞養了一匹馬，才怪！》（*Adrian Simcox Does NOT Have a Horse*），瑪西．坎貝爾（Marcy Campbell）著。
5. 欣賞《布芮妮．布朗談同理心》（Brené Brown on Empathy），YouTube 上 RSA 頻道的影片。

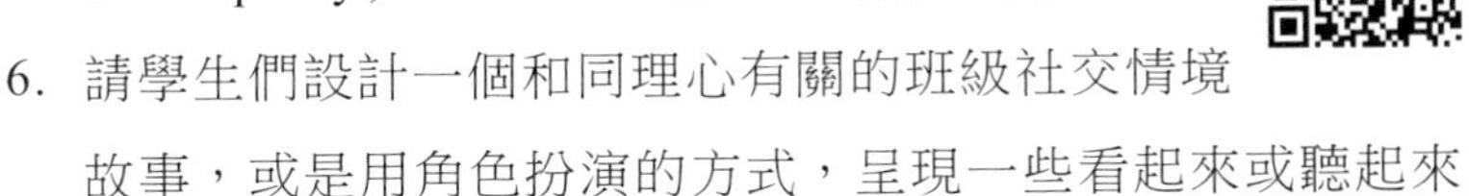

6. 請學生們設計一個和同理心有關的班級社交情境故事，或是用角色扮演的方式，呈現一些看起來或聽起來

具有同理心的行為。

7. 將學生的表演拍攝下來，並請學生根據故事，寫出具有同理心的字幕或是劇本。例如，學生可以在照片裡演出各式各樣與同理心有關的情境，像是有學生跌倒而造成自己膝蓋擦傷、作業表現得很差、下課時把玩具搞丟，或是有朋友要搬家了等等。

表情量表

PART 3

挑戰自我，成長茁壯

「滿足存在努力裡，不在成就裡。全力以赴，就是圓滿。」

——聖雄甘地（Mahatma Gandhi）

本章介紹

在這一章裡，我們會把焦點放在深入挑戰事物的價值。很多學生傾向於迴避挑戰，而不是迎接挑戰，尤其是以定型化思維行事的學生，因為他們害怕失敗。然而，失敗其實是我們的好朋友！因此，當我們遭逢挑戰時，需要學習如何透過努力與方法克服它，那就像是當我們拼一幅名為「成長性思維」的大拼圖，最困難的就在於找到那幾塊最關鍵的小拼圖。接下來，我們要深入探討「挑戰」的價值，幫助你打造出一個能讓學生練習克服艱難挑戰的課堂環境。

第一課

嘗試錯誤：一種韌性策略

課程時間：60 至 90 分鐘，或分成兩堂課各 45 分鐘。

給老師的話

「挫折復原力」（resilience）就是在遭遇失敗後捲土重來的能力。當我們碰到失敗或困難時，我們的身體會進入一種「戰鬥／逃跑／呆住」的模式。失敗所帶來的壓力反應，足以讓某些人嚇到無法動彈，接著迅速逃離現場。但對於已然發展出健全的挫折復原力的人，當面對壓力來臨時，就能迅速從失敗與挫折中恢復過來，並且重新擬定策略。挫折復原力並非是與生俱來的能力，而是一種可以在正確的策略與態度下培養出來的技能。

想在課堂裡教導挫折復原力，有幾件事情很重要。第一，永遠都要示範你的挫折復原力給學生看。例如，當某堂課的計畫未能如你所預期進行時，或是校外教學臨時取消時，和學生一同詳細討論因應的流程，向學生示範重新建構情境，找出替代做法，或是迎向挑戰的藝術。

接著，讓學生自己去克服困難與失敗。有些老師可能習慣上會想幫助學生解決問題，但是請忍住那股衝動。要是他們碰到問題來向你求援，就把焦點放在透過提問的方式，引導他們找到解決方案，而非直接告訴他們解決方案。

學習目標

上完這一課後，學生將能夠得知如何運用「嘗試錯誤」（trial and error）策略，養成挫折復原力。以及，能明確說出挫折復原力為何對於培養成長性思維和性格發展是如此重要。

資源與教材

1. 愛迪生的名言（見 132 頁）。
2. 「挫折復原力」的定義（見 132 頁）。
3. 電腦與投影機。
4. 紙飛機網站：foldnfly.com。
5. 「焦點策略：嘗試錯誤」的定義（見 132 頁）。
6. 發給學生填寫的「紙飛機試飛」記錄表。
7. 製作紙飛機的紙張。
8. 膠帶。
9. 一塊錢硬幣（每一組四枚）。

教學方法

老師做 分享愛迪生（Thomas Edison）的名言：「我沒有失敗，我只是找到了一萬種行不通的方法。」

跟學生說 在失敗後還能捲土重來的能力，就叫做「挫折復原力」。愛迪生發明出許多重要的東西，例如燈泡。但在他找到可行的發明之前，他曾遭遇過無數次的失敗。這些失敗未曾阻礙過他，因為他一直在解決那些「行不通」的發明究竟出了什麼問題，直到他找出「行得通」的發明。或許我們可以這樣說，他的挫折復原力改變了世界。

你們可能會覺得：「挫折復原力是一種天分，是像愛迪生這種人才會有的」。不過，事實並非如此，挫折復原力是一種大家都能透過學習與養成而來的能力。

你們覺得，一個能夠從挫折中復原的人，需要擁有什麼樣的技能與特質？（學生可能會回答：「堅持不放棄」、「心態積極」、「擁有排除問題的技能」之類的答案。）好，現在，我們來欣賞一段影片，告訴我們如何以實際行動展現出我們的挫折復原力。

老師做 播放《堅持的力量》（Power of Not Giving Up），YouTube 上 KamtaMedia 頻道的影片。

跟學生說 （在看過影片後）今天我們要討論的是一種各位每天都可以使用的方法，叫做「嘗試錯誤」策略（呈現定義，方便大家參閱，見 132 頁）。所謂嘗試錯誤，就是你聽到字面上的意思：你嘗試某件事，你錯了。再試一次，你錯

了。再試一次，你錯了……繼續下去，直到你試對了為止。大家知道什麼人最擅長嘗試錯誤嗎？答案是小嬰兒！現在，我們來看看小嬰兒是透過怎樣的方法學習走路。

老師做 播放《嬰兒學走路的縮時攝影》(Time-Lapse of Baby Learning to Walk），YouTube 上 Nick Turner 頻道的影片。

跟學生說 （在看過影片後）你們看到了嗎？小嬰兒完全不擔心自己犯的錯。她會一再嘗試，直到自己學會。但隨著我們的年紀增長，在學習一件事情時，犯錯可能會讓我們想要放棄學習。別人可能會罵我們笨，還有人可能會比我們厲害，因此，失敗會讓我們感覺很差。這些都可能讓我們想要放棄，不想再繼續嘗試下去。但是，當我們願意採用「嘗試錯誤」策略時，我們就比較能接受犯錯，並從錯誤中學習。失敗並不會讓你感覺很差，因為你就是要透過失敗獲得學習的！

（若這堂課你預計分兩次上，下一堂可選擇加上以下內容。）

跟學生說 今天，我們要來用「嘗試錯誤」策略做紙飛機！我會發給你們一疊紙，讓你們嘗試做出各種不同設計的紙飛機。做好之後，大家要把自己設計的所有紙飛機以及它能夠飛得多遠記錄下來。我也會發給每一組膠帶和四枚一塊錢硬幣。這些硬幣就是飛機載的貨物，把它們黏在飛機上（可以自由黏在飛機的任何角落），以測試飛機載了貨物之後可以飛得多遠。在這堂課結束時，各組要選出自己設計得最好的一款飛機，也就是載運貨物時能夠飛最遠的飛機。

大家可以參考 foldnfly.com 網站，那是一個各式紙飛機的線上資料庫。你可以直接採用上面的其中一款設計，也可以自己發明新設計。記得把每次試飛的資料，記錄在發給你們的紙飛機試飛記錄表上。

老師做◎讓試飛紀錄最佳的隊伍向大家展示飛機，告訴大家是怎麼發展出這個設計。在課堂時間結束前，讓各隊兩兩比賽，飛得最遠的那一隊就贏了。

檢驗理解程度

觀察那些面對挫折不屈不撓的學生，告訴他們，你如何看見他們展現出挫折復原力。例如：「我很喜歡你運用嘗試錯誤的方式，你一直在想新的方法來解決問題。」

要學生在看到同學展現挫折復原力時予以辨識出來，並請學生思考，在看到有人犯了錯還能重新奮起時，自己會有什麼感受。

當學生碰到困難時，協助他們養成挫折復原力的想法。觀察學生的反應，並在必要時指導他們。觀察那些沒能贏得紙飛機比賽的隊伍如何因應挫折。你可能會發現，這個活動真是一個練習從挫折中復原的大好機會。

補充與延伸想法

1. 如果是年紀較小的學生，也可以讓他們用錫箔紙做船。拿一塊錢硬幣放在紙船上，一次加一枚，以得知哪一艘能夠載運最多重量的硬幣，並記錄下每艘船各能夠載運多少硬幣。
2. 欣賞《遨翔》（Soar），YouTube 上 TheCGBros 頻道的影片。

3. 欣賞《芝麻街：火星人布魯諾：不要放棄》（Sesame Street: Bruno Mars: Don't Give Up），YouTube 上芝麻街頻道的影片。

4. 老師可自行閱讀《擁抱 B 選項》（*Option B*），雪柔・桑德伯格（Sheryl Sandberg ）與亞當・格蘭特（Adam Grant）著。
5. 閱讀小說《手斧男孩》（*Hatchet*），蓋瑞・伯森（Gary Paulsen）著。
6. 閱讀《謝謝您，福柯老師！》（*Thank You, Mr. Falker*），派翠西亞・波拉蔻（Patricia Polacco）著。
7. 閱讀《她堅持不懈》（*She Persisted*），雀兒喜・柯林頓（Chelsea Clinton）著。
8. 閱讀《馭風男孩》（*The Boy Who Harnessed the Wind*）威廉・坎寬巴（William Kamkwamba）與布萊恩・米勒（Bryan Mealer）著。

「我沒有失敗，我只是找到了一萬種行不通的方法。」

——愛迪生（Thomas Edison）

挫折復原力

從挫折與失敗中復原的能力。

焦點策略：嘗試錯誤法

以不同方式或設計做實驗，

直到你找到一種最管用的為止。

紙飛機試飛記錄表

每次試飛紙飛機時，把以下資訊記錄下來。

紙飛機類型	第一次試飛	第二次試飛	第三次試飛
	飛行距離： 硬幣位置： 我注意到的事： 需要調整什麼：	飛行距離： 硬幣位置： 我注意到的事： 需要調整什麼：	飛行距離： 硬幣位置： 我注意到的事： 需要調整什麼：
	飛行距離： 硬幣位置： 我注意到的事： 需要調整什麼：	飛行距離： 硬幣位置： 我注意到的事： 需要調整什麼：	飛行距離： 硬幣位置： 我注意到的事： 需要調整什麼：

最佳飛行距離：__________

第二課

WOOP：一種目標設定策略

課程時間：20 至 30 分鐘。

給老師的話

「WOOP 思考法」（參見 woopmylife.org）是一種設定目標的方法，即使是年幼的孩子也能適用。WOOP 是「希望」（Wish）、「結果」（Outcome）、「障礙」（Obstacle）以及「計畫」（Plan）四個字的縮寫。它主張只把重點放在要做的事情上還不夠，而是必須要對我們想要什麼、可能在過程中碰到的障礙，以及我們用來克服障礙的計畫等層面，都要有一些具體的想法。

在本堂課裡，會讓學生寫下自己的 WOOP 課業目標，並在接下來幾週回頭檢視目標執行的進展。例如，原本預期的障礙是否已經排除，或者，是否冒出原本沒預期到的障礙。

WOOP 思考法是一種在課堂裡培養成長性思維的絕佳方式，因為學生必須找出自己想要什麼，再聚焦於所需的特定技能與方法上。知道這些資訊不僅將有助於他們設定目標，也能幫助他們踏實的制定克服障礙的計畫，一步步實現目標。

學習目標

上完這一課後，學生將能有效運用 WOOP 思考法，做為設定目標的一種方式。

資源與教材

1. 發給學生填寫的「我的 WOOP 計畫」學習單。
2. 音樂。
3. 白紙。
4. 鉛筆或原子筆。

教學方法

跟學生說 你們可能都聽過這樣的說法：「要懷抱遠大夢想」或者「想法要積極」。雖然遠大的夢想與積極的想法都很棒，但務實的擬定計畫，也是實現目標、邁往成功的基本功。

今天，我們要學習一種很簡單的設定目標方法，它的名字叫做 WOOP。WOOP 就是「希望」、「結果」、「障礙」以及「計畫」四個字的縮寫。

現在，我們要一起來制定 WOOP 計畫（把「我的 WOOP 計畫」學習單發下去）。大家都拿到一份學習單了，接著，我會播放 5 分鐘的輕音樂，在這 5 分鐘裡，我要你們設想一個自己想要實現的心願，它可以和學校、和你的生活，或是和課外活動有關，任何事情都可以。寫完以後，我會閱讀每個人寫的 WOOP 計畫，但除非你們選擇和大家分享，否則內容我會代為保密。

（等學生寫完心願後）大家都已經寫完了。現在，請大家閉上眼睛，想像一下可能實現的最佳結果。換句話說，要是你的心願實現了，正如你所期盼的那樣，那看起來會是什麼情景？你會有什麼感受？聽起來會是如何？請你花幾分鐘時間，把這些美好成果的感受及想法寫下來。

接下來，我們一起來想一想，有哪些因素可能會妨礙我們實現這個心願、享受美好成果。例如，假設我的心願是成為某個籃球隊的先發球員，阻礙可能會是：我害怕自己籃球打得不夠好，無法成為先發球員。大家可以想一個最大的阻礙，以及幾個可能會妨礙你的小阻礙。但這些阻礙不可以是另外一個人，而必須是和你自己有關，包括：你的恐懼、你的擔憂，或是你的習慣。

最後，我們要來擬定計畫。所謂「如果／那就」的計畫，就是當你想到可能的阻礙後，要想個方式因應這個阻礙。像是之前我提到想當籃球隊先發球員的例子，我的阻礙是：我害怕自己打得不夠好。所以，我要寫下：**如果**我害怕自己的籃球水準不足以讓我成為先發球員，**那就**去找籃球教練，請他給我能讓我籃球打得更好的建議。

好，現在換你針對自己列出來每一項可能影響你實現心願的阻礙，分別寫出一個「如果／那就」的計畫。

檢驗理解程度

要學生繳交自己的 WOOP 計畫以及「如果／那就」計畫，檢視他們的了解程度。在接下來幾個星期裡，安排時間和每一位學生討論他們的計畫。要繼續追問學生對於所擬計畫的執行狀況，並且要他們用同樣的流程，擬定新的WOOP計畫。

補充與延伸想法

1. 聆聽「WOOP，就在前方」(WOOP, There It Is)，「隱藏的大腦」(Hidden Brain) 的播客音檔。
2. 老師自行閱讀《正向思考不是你想的那樣：讓你動力滿滿、務實逐夢的動機新科學》(*Rethinking Positive Thinking: Inside the New Science of Motivation*)，蓋布里奧・歐廷珍（Gabriele Oettingen）著。

我的 WOOP 計畫

我的願望：我想要實現什麼？

結果：要是我實現願望，我得到的結果是什麼？

障礙：在我實現願望的過程中，主要的障礙是什麼？

我的計畫：我擬定什麼樣的「如果／那就」計畫，可以用於因應所遇到的障礙？

第三課

公平與平等：找尋你所需要的

課程時間：30 至 60 分鐘。

給老師的話

對於學生來說，「向人求援」可能是件令他們感到遲疑的事。然而，如果你打造的學習環境，能夠視尋求援助為常態，或是讓學生知道，在完成任務的過程中，理所當然可以向外尋求必要資源，學生就會感覺到自己有能力創造更多成就。在美國，對於因應特殊學習需求而接受「個別化教育方案」（Individual Education Plan，簡稱 IEP）的學生，或是因應特殊障礙而接受「504 計畫」幫助的學生，政府往往會以白紙黑字，明確列出可為學生提供優先服務的事項（例如安排住宿）。但對於每個學生來說，想要取得成功所需要的東西卻是各不相同。

你可能常在課堂上聽到學生抱怨：「這樣不公平！」特別是當你正積極落實立足點平等的時候。有件重要的事情你必須要了解，那就是老師的角色，就是要提供每個邁向成功的學生各自所需的協助，這意味著每個學生將不會受到完全相同的對待。而為了提供學生這種個人化對待，老師必須在一定程度上充分了解學生的需求，才有可能精準提供他們在追求成功的道路上所需要的協助。

學習目標

上完這一課後，學生將能定義「公平」（立足點平等）與「平等」（齊頭式平等），並透過實際的例子，充分了解兩者之間的差異。

資源與教材

1.「平等」的定義（見 142 頁）。
2.「公平」的定義（見 142 頁）。
3. 上面寫有各種病痛的多張筆記小卡。
4. 繃帶。
5. 寫有「公平」與「平等」實例的 T 形圖。

教學方法

跟學生說 今天我們要談論的是「公平」與「平等」。首先，我們先來談談「平等」，那意味著每個人都收到同樣的東西——這些東西都是一樣的。例如，在西洋情人節時，我發給你們每個人一個軟糖，這就是一種平等，因為我發給你們每個人完全一樣的東西。

但有的時候，你並不需要和人家一樣的東西。這就是為什麼弄清楚「公平」和「平等」的不同之處，會顯得這麼重要的原因。

老師做 發給每個學生一張上面寫有各種病痛症狀的筆記小卡（症狀包括：耳朵痛、喉嚨痛、肚子痛、手指割傷、頭痛、鼻塞、擦傷、腳踝扭傷、指甲倒刺、刀傷、皮膚乾燥、蚊蟲叮咬、腳抽筋、視力模糊等等）。接著，發給所有學生繃帶。要學生想一想，繃帶對於小卡上寫的症狀能提供什麼幫助嗎？

將學生分為兩組，一組主張「繃帶有助於處理小卡上的症狀」，另一組主張「繃帶對於小卡上的症狀沒有幫助」。詢問學生：「這是不是一個關於「平等」與「公平」的好例子？」

準備一張有「公平」和「平等」兩欄的 T 形圖（見 143 頁）。要學生為兩者各自舉出實際例子。（學生可能舉出的例子像是：「媽媽幫哥哥買了一雙新鞋，因為哥哥的鞋子破了一個洞」；「全班一起參加校外教學」；「老師多花了一些時間在閱讀有困難的學生身上」之類的答案。）

檢驗理解程度

聽取學生為「公平」與「平等」所舉的例子，以判斷他們是否清楚兩者之間的差異。多舉一些實際例子，或是運用離場券的教學技巧，對學生的理解程度做進一步的檢視。

補充與延伸想法

1. 閱讀繪本《公平就是公平》（*Fair Is Fair*），桑尼・瓦瑞拉（Sonny Varela）著。
2. 欣賞《公平與平等》（Equity vs. Equality），YouTube上羅伯特，伍德・詹森基金會（Robert Wood Johnson Foundation）頻道的影片。

平等

一種給予同等對待的特質。

公平

一種講究立足點平等的特質。

平等	公平

第四課

刻意練習／深度練習

課程時間：20 至 30 分鐘。

給老師的話

許多在職涯路上或工作表現上大放異彩的傑出人士，很可能是花費數千小時的時間進行研究與刻意練習，才獲致今日的巨大成功。所謂「刻意練習」，指的就是鼓勵我們跨出舒適圈，不斷嘗試去突破現階段的表現水準。

安德斯．艾瑞克森（K. Anders Ericsson）是一個學者，也是世界級的「傑出表現」研究權威，被譽為「研究世界專家的世界專家」。他曾針對各領域傑出人物進行研究。他認為過去大部分人總認為，一個人的天分會受到某些與生俱來的因素或特質所限制，正因如此，只有部分天賦異稟的人，才可能在某個領域中做到頂尖。然而事實並非如此。

艾瑞克森說，這種認為「人的潛能是固定的」的觀點，只是沒有必要的限制。已經有研究發現，人的大腦具有適應力，證明並不存在所謂「命中註定會有的能力」。艾瑞克森在他的著作《刻意練習：原創者全面解析，比天賦更關鍵的學習法》（*Peak: Secrets from the New Science of Expertise*）中寫道：「在這個新世界裡，認為『人們的潛能存量與生俱來是固定的』，已成為一件沒有意義的事。人的潛能反倒像是具有擴充性的容器一樣，我們人生中形形色色的事共同形塑出我們的潛能。學習並不是用來找到一個人的潛能，而是一種發展潛能的手段。我們可以創造自己的潛能。」

而老師的角色，就是要在課堂上促成刻意練習的文化，也就是要讓學生從傳統的學習後反覆練習，轉變為敦促學生跳脫舒適圈，達到更高階的表現水準。

學習目標

上完這一課後，學生將能知道刻意練習的定義，並且向他人展示如何專注於跳脫舒適圈的方法。他們也會對於自己想要前往的方向有深刻的理解，分段規劃時間刻意練習，並針對目前正在做的事情，給予一些意見回饋。

資源與教材

1.「刻意練習」的定義（見 149 頁）。
2. 發給學生填寫的「刻意練習：規劃單」。

教學方法

跟學生說● 今天我們要談的是「刻意練習」。我要先跟大家分享一位棒球選手的故事，他的名字叫喬治·「獵槍」·舒巴（George "Shotgun" Shuba），「獵槍」這個綽號是來自於他擊出的快速平飛球。

棒球作家羅傑·康（Roger Kahn）在他所寫的《夏日男孩》（*The Boys of Summer*）中，記錄了五〇年代的洛杉磯道奇隊，也寫到關於舒巴的事。在一次與舒巴的訪談中，康詢問舒巴關於他的「自然揮棒法」。舒巴表示，他並不贊同自己有什麼自然揮棒法，反倒是抽出一本筆記本，裡頭記錄下他的練習過程。舒巴把筆記本拿給康看，並表示自己每天晚上都會拿一支格外沉重的球棒揮個六百次。長期累積之下，舒巴每週要揮棒四千兩百次；整個冬天非球季時，他還是維持練習揮棒四萬七千兩百下。由此可知，舒巴的揮棒法絕非自然而然憑空冒出來的，而是他「刻意練習」的產物。

你可能聽過有人告訴你，要「找到自己的天賦」。但事實卻是，你並不會自然而然就變得精通任何一件事。或許你會很享受做某件事，或許你天生比較喜愛做某些領域的事，但除非你開始練習，否則不管是什麼事，你都不可能真的變厲害。所以，別只想著要找到自己的天賦，更聰明的做法是，找到你的熱情與興趣所在，然後藉由埋首於「刻意練習」，創造自己強大潛能！

老師問● 何謂「刻意練習」？（呈現定義供學生參考）

老師做◎播放並欣賞「約翰·傳奇：成功來自努力」（John Legend: Success Through Effort），YouTube 上可汗學院頻道的影片。

老師問●影片中的主角如何運用「刻意練習」提升歌唱能力？（學生可能會回答：「他找指導老師」、「他嘗試新技巧」、「他很清楚，不可能光靠自己摸索就進步」之類的答案。）

老師做◎現在把「刻意練習：規劃單」發下去。讓學生在單子上寫下自己想要追逐的一項目標或夢想，並具體找出如何能夠運用「刻意練習」的概念，讓自己獲得進步。

檢驗理解程度

回顧一下「練習」與「刻意練習」之間的種種差異處。注意聽學生是否講到和「刻意練習」有關的特定字句，像是「找一個自己較弱的領域」、「敦促自己離開舒適圈」、「把大目標切分成小目標」、「聽取指導老師的意見回饋」、「追蹤進度」、「做調整」，以及「當責」等等。檢視學生們填寫的「刻意練習：規劃單」，檢驗他們了解的程度如何。

補充與延伸想法

1. 老師自行閱讀《刻意練習：原創者全面解析，比天賦更關鍵的學習法》，安德斯·艾瑞克森、羅伯特·普爾（Robert Pool）著。
2. 老師自行閱讀《解鎖學生的才能：發展專業的科學》

（*Unlocking Student Talent: The New Science of Developing Expertise*），羅賓．福加蒂（Robin J. Fogarty）、傑納．克恩斯（Gene M. Kerns）、布萊恩．皮特（Brian M. Pete）著。

3. 老師自行閱讀《天才密碼》（*The Talent Code*），丹尼爾．科伊爾（Daniel Coyle）著。
4. 欣賞《如何讓你關心的事變得更好》（How to Get Better at Things You Care About），愛德華．多布里塞尼奧（Eduardo Briceño）的 TED Talk 演說影片。

5. 請學生在自己未來希望能夠從事的領域中，找一個成功人士進行研究，並與大家分享自己的研究發現，例如：那個人是如何運用刻意練習的方式來讓自己進步的。

刻意練習

刻意練習是一種有意識的練習方式，

通常是在教師或教練的協助下，

鍛鍊舒適圈之外的技能。

刻意練習：規劃單

我希望能夠變厲害的事情是：

在這個領域中，有哪些已經成功的人士：

我能用什麼方式跳脫舒適圈：

我的練習時程安排是：

能幫助我的人是：

第五課

「還沒」的威力

課程時間：20 至 30 分鐘。

給老師的話

在我的教學工具箱裡，「還沒」（yet）是威力最為強大的字眼之一。這兩個字的詞雖然短，卻能造就非常卓越的成效，因為，它等於是在保證，只要你轉個彎過去，成就就在那裡等著你。因此，每當有學生說：「我做不到。」的時候，就用這句話糾正他：「你只是還沒做到而已。」這句話能提醒學生，只要我們從成長性觀點持續敦促自己、盡最大努力、自我反省、適時調整做法、訴諸策略，乃至於實際執行，總有一天一定能學會。

學習目標

上完這一課後，學生將能找出自己在學校面臨的挑戰，想出一套足以因應自己學習目標的計畫。

資源與教材

1. 電腦與投影機。
2. 發給學生填寫的「我的『還沒』的威力」學習單。
3. 發給學生填寫的「『還沒』的威力」思考單。
4. 「『還沒』的威力」定義（見 154 頁）。

教學方法

跟學生說 今天要探討的是「還沒」的威力。首先，我們先一起看一段影片。

老師做 播放《還沒的威力》（The Power of Yet），取自電影《攻其不備》（the Blind Side）的一段影片，YouTube 上 bonfiglioj 頻道的影片。

跟學生說 看過影片後，大家覺得我說的「還沒」的威力是指什麼意思？（學生可能會回答：「只要你願意嘗試，學習不是問題」、「你必須持續鞭策自己」之類的答案。）

當你不了解一件事時，那並不是因為你學不會它，只是因為你還沒學會而已。有時候，我們會覺得課堂裡老師教的東西好難，不知道在學什麼，因此感到深深的挫折感。但這時候，你只需要做一件事，那就是動員「還沒」的威力，它能夠為我們保證一件事：只要我們努力的學，而且持續學下去，一定能夠學會——目前我們只是還沒學會而已。

今天，我們要來想想，有什麼事是自己還沒有做到的，然後設想一些讓我們可以從「還沒」前往「已經」的方法（把「我的還沒的威力」思考單發給學生）。

接下來，我要播放一首歌曲，做為今天課程的尾聲，歌名叫做《還沒的威力》。

老師做 播放《芝麻街：賈奈兒·夢內演唱——還沒的威力》，YouTube 上芝麻街頻道的影片。若為年紀較長的學生，可以看《還沒的威力：官方音樂錄影帶》，YouTube 上 C.J. 盧基頻道的影片。

老師問 對你們來說，「還沒」的威力代表著什麼？用自己的話描述一下「還沒」的威力是什麼樣的概念。

檢驗理解程度

評鑑學生們填寫的「我的『還沒』的威力」學習單，以得知他們對此有多少了解。查看他們的「『還沒』的威力思考單」，看他們了解多少；有必要的話，帶著學生再複習一次相關概念。

補充與延伸想法

1. 欣賞《還沒的威力》（The Power of Yet），YouTube 的 TEDx Talk 頻道上杜維克的演說影片。

2. 欣賞《和芝麻街的佐伊與艾蒙學還沒的威力》（The Power of 'Yet' with Zoe and Elmo from Sesame Street），YouTube 上可汗學院頻道的影片。
3. 閱讀繪本《蛋頭先生不怕了！》（*After the Fall*），丹・桑塔（Dan Santat）著。
4. 閱讀繪本《敲打夢想的女孩：一個女孩的勇氣改變了音樂》（*Drum Dream Girl*），馬格麗塔・因格（Margarita Engle）著。
5. 閱讀繪本《騎吧，小熊！》（*Bike On, Bear!*），辛西雅・劉（Cynthea Liu）著。

「還沒」的威力

承諾只要願意從成長性觀點持續敦促自己、盡最大努力、自我反省、適時調整做法、訴諸策略，乃至於實際執行的話，有一天自己一定能學會。

我的「還沒」的威力學習單

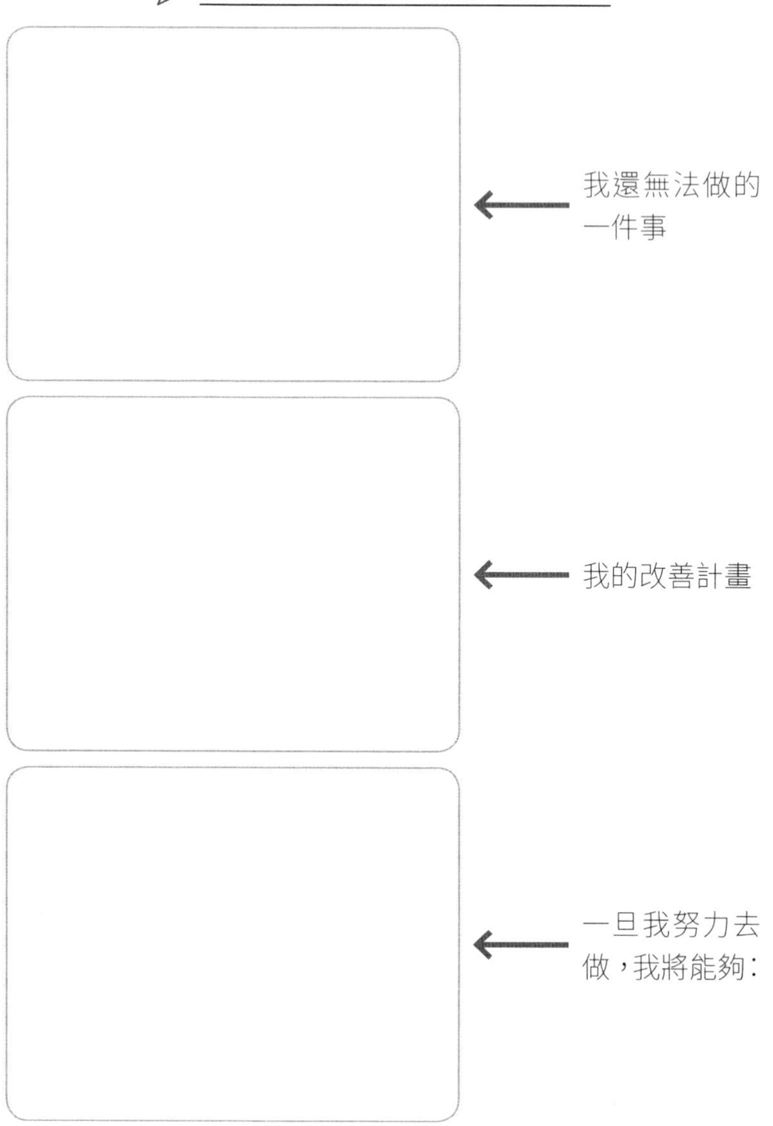

「還沒」的威力思考單

試著用你自己的說法描述「還沒」的威力

試著用你自己的說法描述「還沒」的威力

試著用你自己的說法描述「還沒」的威力

第六課

觀點取替

課程時間：60 分鐘。

給老師的話

「觀點取替」是一種很有價值的技能，就算是年幼的學生都能學會。觀點取替源自於同理心，是一種從別人的視角看待這世界的能力。

我想跟大家分享一個親身經歷：有一天，我在一條蜿蜒的路上開車。突然間，一輛車子在一個能見度有限的危險轉彎處超我車。當時的情況相當危急，有可能發生非常大的危險。幸好，很幸運的，沒有任何人受傷。

這時，我的恐懼迅速轉為怒氣。我心想：「這傢伙剛才差點造成重大車禍！」於是我踩下油門，在馬路那頭的一個紅綠燈處，追上那輛魯莽行駛的車子。這時，那輛車正駛向路肩，試圖繞過停在紅綠燈處的那些車子。我心想：「這個人不是瘋了就是醉了，或是二者都有！」

我決定尾隨那輛車，記下他的車號，向警方告發這名不良駕駛。必須要有人來阻止這個危險的駕駛人！但我根本不必尾隨多遠，因為馬路前方不到一哩處，那輛車又迅速轉了個彎——轉入當地急診處的車道。那一瞬間，我所有的挫折感與怒氣全都化為烏有。我深深為他祝福，希望他面對的不管是怎樣的緊急醫療狀況，都會有個美好的結局。

這個親身經驗讓我思考，今天如果換做是我，我應該也會做出和他相同的選擇。後來，我常常想起這個經驗，尤其是當我在不知道前後因果的狀況下，準備對別人的行為做出評判的時候。

學習目標

上完這一課後，學生能學到「觀點取替」的意思，以及利用訪談的方式，透過另一個人的視角得知關於學校的資訊。

資源與教材

1. 幾張錯視圖。
2. 「觀點取替」的定義（見 163 頁）。
3. 發給學生填寫的訪談單。
4. 「觀點取替」的投影片範本。
5. 一些訪談對象。

教學方法

老師問

看著這張圖的時候，你們看到什麼？

那這張圖呢？

這一張呢？

跟學生說● 每張圖都有不同的觀看方式，並沒有對錯之分。每一天，我們每個人也都從自己的角度觀察學校，由此可知，觀察學校有很多不同的方式。接下來，我要你們化身為觀點調查員。首先要問的問題是，什麼是「觀點」？觀點就是一個人的視角，或者可以指他們看待事物的方式。觀點取替是一種技能，表示當事人可以用另一個人的視角看待眼前的狀況。

老師做○ 把訪談單（見 164 頁）發下去。幫每位學生安排一個校內人士，給學生和他們的訪談對象 10 分鐘的時間。學生先和訪談對象合照，記下他們的答案，再製作一張帶有訪談資訊的投影片（見 161 頁例子）。接著，來辦一場大家通力合作的投影片秀。每位學生站起來秀出投影片，向同學們介紹校園裡的人物。

學生可以訪問的訪談對象如下：

特教老師	校警	美術老師
校長	諮商人員	閱讀推動教師
副校長	圖書館員	數學老師
校務主管	教師助理人員	教學教練
校工	人事專員	註冊組人員
接待員	幼兒園老師	資源教室服務員
行政助理	體育老師	教練
合作社員工	音樂老師	

認識圖書館員——布洛克女士

布洛克女士喜歡學校的什麼事：

布洛克女士希望學生知道關於她工作的事情是：

你可以幫忙布洛克女士的一種方式是：

關於布洛克女士的工作：

布洛克女士在工作上倍感挫折的一件事是：

檢驗理解程度

瀏覽並檢視學生製作投影片的完整性，並要學生省思，訪談的內容如何幫助他們做到觀點取替。聽取他們的回應，以得知他們是否更為了解受訪者扮演的角色，以及他們如何看待不同情境。

鼓勵學生可以用角色扮演的方式，或是提供學生一些可能會影響到那位受訪者的不同情境與機會，看看他們如何回應。學生也可以自己設想情境與可能的回應，以證明他們真的理解受訪者的視角。

補充與延伸想法

1. 閱讀繪本《三隻小豬的真實故事！》（*The True Story of the 3 Little Pigs*），雍・薛斯卡（Jon Scieszka）著。
2. 閱讀繪本《鴨子？兔子？：啟動想像、學習尊重的創意繪本》（*Duck! Rabbit!*），艾美・克蘿思・羅森朵（Amy Krouse Rosenthal）著，湯姆・利希騰赫德（Tom Lichtenheld）繪。

觀點取替

一種可以從別人的視角，

得知他們對於某個情境有哪些體驗的能力。

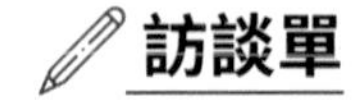

訪談單

詢問受訪者以下問題，以得知他們在學校的視角。
受訪者姓名與職銜：

請描述你在學校的工作內容。

在學校工作最讓你喜愛的地方是什麼？

工作上最讓你感到挫折的地方是什麼？

關於你的工作，有什麼是你希望學生們知道的？

學生們可以怎麼幫你把工作做得更好？

第七課

要好奇，不要生氣

課程時間：20 至 30 分鐘。

給老師的話

「要好奇，不要生氣」，這個有用的做法，有助於化解我們每天在學校裡因應諸多狀況時的挫折感。看到學生的行為偏差或是成績不理想時，請先不要發火或是沮喪，而要自問，是什麼因素導致發生這個狀況。這可以幫忙你釐清與了解問題。如果大人的反應太過激烈，無法協助需要人家幫一把的學生冷靜下來。而「要好奇，不要生氣」這個神奇的咒語，可以幫助我們在倍感壓力的情境中保持冷靜。學生也同樣會因為你採取「要好奇，不要生氣」的做法而獲益良多。

學習目標

上完這一課後，學生面對各種狀況時，能應用以好奇取代生氣的技巧。

資源與教材

1. 藝廊賞析用的紙張。
2. 便利貼。
3. 發給學生填寫的「要好奇，不要生氣」學習單。

教學方法

跟學生說 今天我們要探討的是怒氣。首先，大家一起腦力激盪，想一想有哪些事會惹我們生氣。

好，現在我們要來練習一種新的做法——「要好奇，不要生氣」。大家可以跟著我說一次嗎？（要學生複誦這句咒語：「要好奇，不要生氣。」）有時候當事情不順時，我們會覺得生氣，但如果我們不生氣，而是改為好奇呢？

有時候，怒氣會讓我們做出事後會感到後悔的行為。假如我們可以停下來，先問自己一些問題（關於我們自己或別人的問題都沒關係），怒氣往往就能降下來，讓糟糕的狀況好轉。

現在，我要分享三個故事給大家聽。我們一起來看看，故事中的主角可能會怎樣生氣，以及可以如何好奇而不生氣的做法。準備好了嗎？

故事一

每當學校自助餐廳賣的是凱拉不愛吃的東西，她就會帶著她的午餐到校。今天，學校的午餐菜單顯示會賣義大利麵，所以她並未自備午餐到校。等到她抵達午餐櫃台時，她發現義大利麵已經賣光，她只能買漢堡果腹，但她不喜歡漢堡。凱拉可能會怎樣生氣？她可以怎樣好奇而不生氣？

故事二

安德魯與瑞斯下課時走在一起，多明尼克走近他們，找他們打籃球。他們拒絕了多明尼克，請他先暫時離開，因為他們有事情要私下討論。多明尼克可能會怎樣生氣？他可以怎樣好奇而不生氣？

故事三

瓊斯太太要學生把考卷翻面，開始作答。考試時，麥克要拉娜借他鉛筆，因為他自己的鉛筆壞了。這時，瓊斯太太來到麥克與拉娜的座位附近，收走他們的考卷。瓊斯太太說，因為他們在考試時交談，違反了考試規定，必須要在放學後再補考。麥克可能會怎樣生氣？他可以怎樣好奇而不生氣？瓊斯太太很生氣學生竟然在考試時交談。她可以怎樣好奇而不生氣？

大家都很棒，想出很多可以運用好奇的問題與行動。現在，我們要把同樣的思維應用到先前提及的那些情境裡。我已經在教室裡貼出十個大家經常遇到的狀況。請兩兩一組到各站去，仔細看過狀況後，彼此討論要如何才能將情緒轉為好奇而不生氣。接著，採藝廊賞析的模式，每組每站有 1 到 2 分鐘時間在便利貼上寫答案，並貼上去。

老師做把「要好奇，不要生氣」學習單發下去。要學生寫出或畫出一個自己感到真的很生氣的時刻，也真的發了脾氣。接著，要他們寫下或畫下自己如何可以好奇而不生氣，以及這麼做可以如何改變事情的狀況。

檢驗理解程度

瀏覽學生填寫的「要好奇，不要生氣」學習單，以確認他們知道如何因應自己列出來的狀況。針對他們列出來的好奇而不生氣的建議，給予有用的意見回饋，並鼓勵他們繼續練習這種做法。

補充與延伸想法

1. 多印幾份備用的「要好奇，不要生氣」學習單。日後當學生碰到問題而發脾氣時，就請他們填寫，做為自我反省的練習。
2. 欣賞《鼓舞人心的影片──成為詹森先生那樣的人》（Inspirational Video—Be a Mr. Jensen），YouTube 上專題演說家克林特．普佛（Clint Pulver）頻道的影片。

要好奇，不要生氣

寫下或畫下一個曾令你感到挫折，讓你用生氣來回應的時刻。

寫下或畫下要是你對這個時刻感到好奇而不生氣，可以如何改變原本的狀況。

第八課

半杯水：認識樂觀主義

課程時間：20 至 30 分鐘。

給老師的話

每個人都有多樣化的情緒——有時候我們感到開心，有時候我們感到難過或沮喪。然而，一個人抱持著樂觀主義或悲觀主義，那和純粹的快樂或生氣是不一樣的。正如在人生中運用成長性思維那樣，我們也可以運用樂觀主義或悲觀主義的鏡頭，看待這個世界與我們所碰到的事情。在這一課裡，學生會探索樂觀主義與悲觀主義之間的不同，以及我們可以如何運用這兩種不同的角度，看待各種挑戰與情境。教導學生如何以樂觀的心態看待事情，將有助於他們更清楚看出，機會往往來自於阻礙，這就是把成長性思維發揮到極致的表現。

學習目標

上完這一課後，學生將會知道何謂樂觀主義，以及如何運用樂觀主義的角度看事情。

資源與教材

1. 一只裝了一半水或其他液體的玻璃杯。
2. 半滿／全空的 T 形圖。
3. 便利貼或圓點貼紙。
4. 「樂觀主義」的定義（見 173 頁）。
5. 多張「我的樂觀主義做法」小卡或是檢核清單。

教學方法

老師做 向學生展示一只裝了一半水或其他液體的玻璃杯。在黑板或白板上畫一個 T 形圖，兩邊各寫上「半滿」與「半空」。發給每位學生一張便利貼或圓點貼紙，詢問學生覺得這杯水現在是半滿還是半空的狀態，並請學生把便利貼或貼紙貼在 T 形圖上。

跟學生說 大家看到這個杯子後，都在圖上表達自己的想法。其實這兩個答案都對！它既是半滿，也是半空。但在這個活動裡，看到杯子覺得半滿，代表著樂觀主義。什麼是樂觀主義？（學生可能會回答：「覺得快樂」、「想到好事」之類的答案。）

（把樂觀主義的定義分享給學生）樂觀主義者碰到一個情境，習慣去看它的光明面。假如學校即將有個大考，樂觀主義者可能會把它看成是測試自己的知識量、展現自己知識的好機會。但悲觀主義者碰到一個情境，就喜歡用負面角度去看待。他們可能會擔心大考曝露出自己不夠聰明，或是覺得自己一定會完蛋了。

大家知道嗎？抱持著樂觀或悲觀的態度，會影響你在學校的學習狀況。已經有多項研究證實，展現出樂觀態度的學生比較能拿到好成績。此外，研究也證明，對人生抱持樂觀態度的人會比較長壽。

今天，我們要來探討可以採行哪些樂觀主義的做法（在瀏覽這些做法時，要大家各舉幾個例子出來）。

做法 1：想一想哪些是真正能夠操之在己、自己能夠發揮影響力的事，哪些又是自己無法掌控的事。

做法 2：練習感恩。把你覺得感謝、能夠讓你開心的事記錄下來。

做法 3：要讓自己周遭盡是一些態度樂觀的人。

做法 4：試著從不同觀點看事情——從另一個角度看待眼前的嚴峻情境。

做法 5：要維持對自我對話的檢視——要運用具有成長性思維的訊息。

做法 6：要有挫折復原力。

做法 7：要從自己的錯誤中學習，研究這些錯誤，並且有意識的利用這些錯誤成長。

在結束今天的課程前，我要和你們分享一段影片。當你看到一堆垃圾時，你會有什麼感覺？（學生可能會回答：「超噁心的」、「別碰它」之類的答案。）

老師做 播放《來自垃圾場的美妙樂章》（Landfill Harmonic—The Recyvled Orchestra），YouTube 上「維持美國整潔」（Keep America Beautiful）頻道的影片。

老師問 在看過這部影片後，大家是否對於垃圾有一些不同的想法？這些音樂人如何運用樂觀主義來看待身邊事物？

檢驗理解程度

觀察學生們練習樂觀主義的情形，引導他們反省自己因應各種情境的方式，因為面對不同的情境，我們抱持的觀點有可能會偏向樂觀，也有可能會偏向悲觀。

樂觀主義

面對困境時，看見它的正面價值，

覺得充滿希望並抱持正面心態。

補充與延伸想法

1. 老師自行閱讀《一生受用的快樂技巧：幫助孩子建造心中穩固堅定的樂觀金字塔》（*The Optimistic Child*），馬汀·塞利格曼（Martin E.P.Seligman）著。
2. 閱讀繪本《點》（*The Dot*），彼得·雷諾茲（Peter H. Reynolds）著。
3. 老師自行欣賞《提升正向思考的簡單妙計》（A Simple Trick to Improve Positive Thinking），心理學家艾莉森·萊傑伍德（Alison Ledgerwood）的 TEDx Talk 影片。

我的樂觀主義做法

做法 1

想一想哪些是真正能夠操之在己、自己能夠發揮影響力的事，哪些又是自己無法掌控的事。

做法 2

練習感恩。把你覺得感謝、能夠讓你開心的事記錄下來。

做法 3

要讓自己周遭盡是一些態度樂觀的人。

做法 4

試著從不同觀點看事情——從另一個角度看待眼前的嚴峻情境。

做法 5

要維持對自我對話——運用具有成長性思維的訊息。

做法 6

要有挫折復原力。

做法 7

要從自己的錯誤中學習，研究這些錯誤，並且有意識的利用這些錯誤成長。

第九課

實現目標的恆毅力：從故事中學習

課程時間：10 至 15 分鐘。

給老師的話

研究者安琪拉・達克沃斯（Angela Duckworth）將「恆毅力」（grit）定義為：針對長期目標的堅持與熱情。一講到恆毅力，指的並非只有努力做好學校作業而已，而是當我們每一天來到學校，埋首於課業，是因為在我們的心裡，對於自己想要實現的夢想有所期盼。現在，許多學校的品格教育課程，都把恆毅力列為學生必須培養的重要技能。

有一個很棒的方法，可以用來和學生們分享何謂恆毅力，那就是給他們實際的例子。在你即將和他們分享下面這則故事裡，有個名叫喬安娜的女生，她夢想著要成為一個作家，而她並沒有因為碰到許多挑戰、吃了很多次閉門羹就放棄夢想。這就是對目標有恆毅力的表現（你的學生將會很開心聽到喬安娜的故事中令人驚奇的結局！）。

或許你可以再多講幾個有關恆毅力的例子給學生聽，包括你自己人生裡的一些實例，幫助學生把努力做事與實現夢想這兩件事連結起來。

學習目標

上完這一課後，學生將能定義何謂堅持，並和大家分享他們如何能夠提升自己的恆毅力。

資源與教材

「恆毅力」的定義（見 180 頁）。

教學方法

跟學生說 我要告訴大家一個故事，是關於一個名叫喬安娜的女人。她從小就很愛閱讀，擁有豐富的想像力，也夢想著有一天要寫出她自己的故事來。幸運的是，當她長大後，想到一個很出色的創作點子，為了實現這個點子，她需要花時間把這本書寫出來。但與此同時，她也必須做一份真正的工作來維持生計。後來，喬安娜離開自己的國家，到一個地方教一些母語為西班牙文的人學英文。但她並沒有忘記寫書的夢想，一心期盼能利用工作之餘進行寫作。可惜的是，事情並沒有依照她原本的規劃進行。

喬安娜墜入情網，也結了婚。後來，她的婚姻走不下去，於是又離婚了。在她短暫的婚姻裡，她生了個小寶寶。回到故鄉時，她成了一個單親媽媽。她沒有工作，書也沒有寫完，當時只能靠政府的小額補助計劃過活。

雖然沒有錢，也還沒有寫出書來，但喬安娜拒絕放棄自己的夢想。她試著利用女兒睡著時，擠出一點時間寫作。喬安娜說，她並不害怕未來，因為所有壞事都已經被她遇上了，而此時此刻的她依舊安好。她還是繼續她的寫作，不管未來自己將面臨什麼挑戰。

隨著她的作品漸漸出現雛型，她先把前面幾個章節的書稿寄給一家出版商。結果，對方的反應是：「這本書不適合我們出版。」接著，她又把稿子寄到另一家出版社，對方還是給予相同的回應。

不過喬安娜不氣餒，她寄了一家又一家，所有出版商都不願意幫喬安娜出版這本她花費許多心血的書。她覺得很難過，但她仍舊沒有放棄。她不相信「沒人要出版」這個答案。

直到她把自己的書稿寄給第十三家出版社時，對方告知喬安娜，他們對這本書有興趣，希望她把完整稿件寄過去。等看過完整書稿之後，出版社編輯表示很喜歡喬安娜的作品，願意幫她出版成書。不過出版社好心提醒她：「別辭去妳白天的工作！」畢竟，童書作家賺的錢並不多。喬安娜並不在意，對於能夠做自己愛做的事，能夠寫故事和別人分享，就是一件令她覺得很開心的事。

在這條寫作之路上，喬安娜碰到很多挑戰——她沒有錢；她是單親媽媽；她一再被拒絕……但她仍持續寫作，因為那是她的夢想。她拒絕放棄。她擁有恆毅力，恆毅力就是對著某個目標，保持無比的堅持與熱情。

喬安娜的書在出版後大受歡迎。你們可能也聽過喬安娜的筆名——J.K. 羅琳，以及她第一本書的書名——《哈利波特：神祕的魔法石》（*Harry Potter and the Sorcerer's Stone*）。

老師問 喬安娜是如何展現她的恆毅力，實現她寫書的目標？要是她放棄追逐目標，會發生什麼事？你能夠想像自己在什麼樣的狀況下，會對某個目標展現恆毅力嗎？你能夠想像某個自己獲得成功的時刻，以及自己是在實施哪些步驟後才獲得成功呢？

檢驗理解程度

聽取學生對以上問題的回應，並予以評鑑。問學生能不能再舉其他的例子，或是舉出某人曾經展現過恆毅力。

補充與延伸想法

1. 老師自行閱讀《恆毅力：人生成功的究極能力》（*Grit*），安琪拉．達克沃斯著。
2. 搜尋安琪拉．達克沃斯的網站 CharacterLab.com。
3. 閱讀繪本《你要前往的地方！》（*Oh, the Places You' ll Go!*），蘇斯博士著。

4. 閱讀繪本《我不怕，我再試試看！》（*My Strong Mind: A Story about Developing Mental Strength*），奈爾斯・凡・霍夫（Niels van Hove）著。
5. 欣賞《恆毅力：人生成功的究極能力》（*Grit: The Power of Passion and Perseverance*），安琪拉・達克沃斯的 TED Talk 演說影片。

6. 欣賞《約翰・傳奇：成功來自努力》（John Legend: Success Through Effort），YouTube 上可汗學院頻道的影片。

恆毅力

「對長期目標的堅持與熱情。」

——安琪拉・達克沃斯（Angela Duckworth）

第十課

寧靜中的傑作

課程時間：20 至 30 分鐘。

給老師的話

「我們的相似之處讓我們有了共同點；我們的相異之處讓我們對彼此深深著迷。」美國小說家湯姆・羅賓斯（Tom Robbins）的這段話，給予我們設計這堂課的靈感。後面我們也提供羅賓斯的這段金句，老師可以在簡報時呈現給學生看，並鼓勵大家針對不同觀點進行討論。

本次課程與克服挑戰與挫折有關，而通常最讓我們感到挫折的，莫過於「他人」了！是的，我們很容易因為別人而感覺挫折，原因或許是他們不同意我們，或是他們沒有做好分內事，或是他們就是莫名讓你覺得很煩人。能夠把挫折轉換為著迷的能力，便是一種足以把你從負面情緒拉向正面情緒狀態的技能。

學習目標

上完這一課後，學生將學到如何有效克服和他人相關的挑戰與挫折，並找到尊重每個人與眾不同之處的方法。

資源與教材

1. 白紙。
2. 各種有色無毒麥克筆。
3. 湯姆・羅賓斯的佳句（見 185 頁）。

教學方法

老師做○把學生分成兩兩一組。兩人一組效果最好，但如果人數剛好多一個，則一組三人也沒問題。向各組說明，接下來要請大家相互合作，創作出一幅曠世巨作。但問題來了！成員彼此之間不能交談，各組要在完全靜默下，展開共同創作的過程。（請確認各組成員之間拿的是不同顏色的麥克筆；每個小組都有一張紙。）

第一個組員先畫一筆，但只要筆離開紙面，就要換人畫。（每次畫畫都不能超過五秒鐘。但如果有必要，老師可以在五秒到時，喊一聲：「換人。」）第二個組員接著也有五秒鐘時間畫一筆。

讓學生持續輪流在五秒以內的時間裡畫一筆，再把紙拿給對方畫，直到你設定的時間到了為止（5 分鐘應該已經足以畫出一幅有模有樣的圖畫）。

好了，接下來要幫這幅畫作取個標題。一次寫一個字，組員們各寫一字，為這幅曠世巨作湊出一個標題。成品可能會像下面這樣：

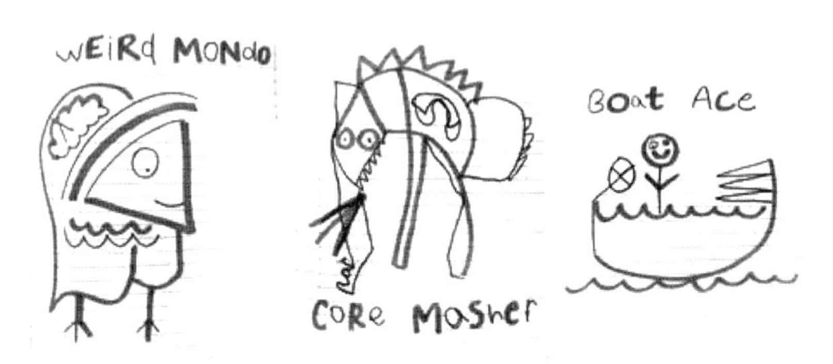

最後，讓各組分享自己的傑作！

老師問

1. 無法和夥伴講話是什麼感覺？
2. 剛才你們找到溝通的方法了嗎？
3. 剛才你的夥伴有沒有任何一筆畫得讓你吃驚？
4. 剛才你在畫的時候，有沒有感到挫折感？
5. 這幅畫有沒有照著你想要的方向去畫？

跟學生說 當你的夥伴畫出你未曾預期到的一筆時，你原本想要畫的東西可能就沒辦法畫了。在和別人共事時，我們很容易會有挫折感，因為對方或許會與我們有不同的想法或做法。也許你會想：「要是不用跟別人共事，那就永遠不必因應那種挫折感了。」但是這麼一來，你也同時會失去很多學習的機會，無法知道另一個人可能帶給你各種有趣與迷人的事情。

檢驗理解程度

在聽取學生報告時，注意聆聽學生們的反應。幫助他們持續練習在別人身上找尋迷人之處，也問問他們在合作畫圖但不能講話時，如何利用動作與行為溝通，以及溝通了些什麼。

補充與延伸想法

1. 閱讀繪本《不同令人讚嘆！》（*Different Is Awesome!*），瑞恩・哈克（Ryan Haack）著。
2. 閱讀繪本《長頸鹿不會跳舞》（*Giraffes Can't Dance*），吉爾斯・安德烈（Giles Andreae）著，蓋伊・帕克・雷（Guy Parker-Rees）繪。
3. 閱讀繪本《我像你，你像我》（*I'm Like You, You're Like Me*），莘蒂・甘納（Cindy Gainer）著。
4. 閱讀少年小說《奇蹟男孩》（*Wonder*），R.J. 帕拉秋（R.J.Palacio）著。
5. 閱讀少年小說《大耳朵超人》（*El Deafo*），希希・貝爾（Cece Bell）著。

「我們的相似之處，讓我們有了共同點；
我們的相異之處，讓我們對彼此深深著迷。」
——湯姆．羅賓斯（Tom Robbins）

PART4

學習後設認知

「我們已經讓你學到，地球是圓的，紅色和白色可以混成粉紅色，以及另一件更為重要的事——我們讓你學會了如何思考。」

——引用自蘇斯博士所寫的《滌凡多福日，萬歲！》(*Hooray for Diffendoofer Day!*)

本章介紹

有個很簡單的方式可以解釋什麼是「後設認知」（metacognition），那就是「想想你是怎麼想的」。發展出對於思考過程的覺察，有助於學生們成為更優秀的學習者。你可以採取一個很好用的方法來培養學生的後設認知，就是每次當自己在示範一項技能或是概念時，都要記得把自己的思考過程述說出來。一旦學生能夠得知自己的最佳學習方式，以及自己需要什麼支援就能成功，同時還能明確的把這些事表達出來，將有助於他們邁向成功的學習生涯。本章要談的主題，就是協助學生省思自己的思考，以找出適合自己的最佳學習方式。

第一課

何謂後設認知

課程時間：20 至 30 分鐘。

給老師的話

當我們走進任何一所學校，對於學生們正在學些**什麼**，大多數人都不會有任何疑問，因為我們知道學生們學習的內容包括：閱讀、數學、科學。但有件事可能不那麼明顯，卻需要我們去質疑，那就是：學生們是否真正了解自己是**如何**學習的。

練習後設認知，可以讓學生對於自己如何學習，以及如何在經驗中摸索，獲得更深入的了解。一旦學生知道如何以更有效能的方式學習，如何評估自己的思考，監看自己的學習進度，他們就能成為更自給自足的學習者。學生所發展起來的後設認知策略，未來將會跟著他們進到大學乃至於出社會。花時間在研究自己的最佳學習方式，絕對是穩賺不賠的重要任務。

學習目標

上完這一課後，學生將能定義後設認知、它對於學習的重要、可以用來練習後設認知的技巧，以及提升學習成果的一些方式。

資源與教材

1.「後設認知」的定義（見 192 頁）。

2.「PMI」分析表。

教學方法

「你在學什麼」和「你怎麼學」是兩個很重要的問題，足以幫助學生與你的授課內容之間做必要的連結。向學生示範你是怎麼思考的，清楚向學生說出你的觀點、你的理解、你的疑問、你的解釋，或是你如何解決一個難題。這可以幫助學生建立他們自己的後設認知技巧與方法。

促進後設認知的好方法包括：問學生在目前的學習當中，哪些地方曾讓他們感到困惑？詢問他們針對某個議題的學習與了解，幫助他們設法找出在自己的學習中可能存在的困難。

老師做　在開始學習前、學習時以及學習後，都運用提示性的字句，幫助學生發展後設認知技巧。你也可以先問學生一個基本問題，幫他們形塑出學習的概略架構，同時也讓他們的頭腦可以做點準備，好在你提出後續問題後，協助他們回答那些基本問題。

在把概念教給學生之前，先讓學生知道，你會在課程結束前問他們關於這堂課的三個關鍵問題。鼓勵學生主動聆聽，並提出他們在上課期間可能會有的問題。在上完課時，要學生寫下他們從學習中汲取到的三個關鍵要點。接著，請學生分成兩人或三人一組，輪流分享自己掌握到的關鍵要點。最後，要學生寫下簡短的摘要，並向全班簡報，做為課程的收尾。

你可以多安排一點時間，容許所有學生都把自己寫下的三個關鍵要點都讀出來，或者也可以請他們挑選其中一兩個進行分享。你也應該要和學生分享你自己掌握到的三個關鍵要點，並要學生比較一下，他們的三個要點和你的三個要點有何相似與相異之處。最後，記得空出時間讓全班整合出一份關鍵要點的摘要，並且運用這些摘要，做為實施提取練習時的補充素材（關於提取練習的方法，參見第一章第十課）。

下方的「PMI 分析表」是由水平思考暨批判性思考倡導者愛德華．狄波諾（Edward de Bono）博士所發明。所謂 P 是指「正向」（Plus），M 是指「負向」（Minus），I 是指「有趣」（Interesting）。這個表可以成為一項批判性思考的工具，以評估或反省某個流程。因此，我們可以運用「PMI 分析表」來看看學生列的關鍵要點中，有哪些是正面的要點，哪些是負面的要點。先把資訊拉到分析表之後，就可以用它來分析學生的學習狀況了。

正面的要點	負面的要點	有趣的要點

檢驗理解程度

一旦你為促成後設認知安排好舞台後，要提供機會給學生，讓他們開始練習覺察自己的學習狀況，運用各種方法提升學習，以及協助他們在必要時調整方法，擴大學習成果。請記得，要特別讚許嘗試這麼做的學生。

補充與延伸想法

1. 請學生把在課程中學到的東西，濃縮成一句話的摘要，或是把課程的核心概念寫在聯絡簿或作業本上，藉以練習後設認知的技巧。
2. 請學生製作問題卡，以幫助釐清學習中的某一個項目，同時表達如何將學到的東西拿來應用。
3. 貼出提示性問題，讓學生在養成與練習後設認知的技巧時可以參考。提示性問題包括：

- 我最搞不懂的兩個地方是……
- 上完這課後，最讓我驚豔的地方是……
- 我有疑問的兩個地方是……
- 我還是不懂的事情是（何事、何時、何地、為何，或是如何）……
- 我可以把這堂課學到的東西用在……
- 這一課最重要的部分是……
- 本堂課會讓我聯想到的事情是……
- 根據我對這些內容的理解，我認為／不認為自己有辦法再教給別人。為什麼？
- 我需要對外求援嗎？
- 我是不是哪裡弄錯了？為什麼會這樣？
- 我要怎麼從這項作業中學到東西？

4.「何謂後設認知」（What is Metacognition?），YouTube 上約翰·史賓塞（John Spencer）頻道的影片。

後設認知

想一想你是怎麼想的；

發展出對於自己思考與認知過程的覺察。

第二課

低門檻／高延伸的一課

課程時間：20 至 30 分鐘。

給老師的話

「低門檻」所要達成的目標，就是讓所有學習者只要運用個人工具箱裡最低限度的基模或技能，就能夠著手去做；至於「高延伸」所要達成的目標，就是讓人能夠持續學習下去，能夠往有成長性或是更為複雜的方向發展。

想一想，哪些桌遊或卡片遊戲是具有「低門檻」、「低延伸」的性質呢？或許你會想到以下幾個遊戲：「井字遊戲」、「攻城掠地」（dots and boxes，又稱「點格棋」）、「釣魚趣」（Go Fish）、「梯盤棋」（Chutes and Ladders）、「抱歉！」（Sorry），以及「骰子遊戲」（Bunko）等等。玩家在玩這些遊戲時，不需要太多技巧就能開始遊戲，也不需要運用太多策略，就能贏過對手。

接著，再想一想，哪些遊戲是具有「高門檻」、「高延伸」的性質呢？你腦海中閃過的，或許像是西洋棋與陸軍棋之類的遊戲，這類遊戲和井字遊戲或攻城掠地比起來，很明顯需要你的工具箱裡更多的知識與技巧。而且，你所下的任何策略性的一步，都會影響這局比賽的布局與發展，這也是為什麼這類遊戲在發展潛力上，具有較高的延伸性。

現在再來想想，哪些遊戲是具有「低門檻」而又「高延伸」的性質呢？這些遊戲的入手門檻很低，但是又具有策略探索的可能性與參與性。像是麻將、圍棋、骨牌、「卡坦島」（Catan），以及西洋跳棋等等，門檻都相對來說較低，卻又具有策略性的布局和挑戰。

想想看，你要怎麼設計一些具有「低門檻」、「高延伸」性質的課程，讓學生有機會能夠驅策自己的學習，參與發展自己的成長性思維技巧，練習後設認知策略與批判性思考。只要提供各種論述結構，將可提升所有學習者的成長能耐，讓他們的思考更有深度。

學習目標

上完這一課後，學生將有機會透過參與「低門檻」、「高延伸」的課題，促進思考並驅策自己的學習。

資源與教材

你設計的一堂課。

教學方法

老師做用以下檢核點，檢視你的這堂課是否能讓所有學習者都可以理解。

1. 在這堂課裡，正確答案不止一個嗎？
2. 在這堂課裡，有許多不同策略可以用來解決問題嗎？
3. 學生們能否藉由深入探討問題，或是找出完成課題的新方法，進行延伸學習？
4. 學生們能否提供多種不同的說法，來評判答案的正確與否？
5. 如果以上的問題你都回答「是」，那麼你的課程非常能夠提供低門檻、高延伸性的學習。
6. 如果以上的問題你都回答「否」，那麼你的課程可能需要調整一下課題，才能鼓勵學生進行更多複雜性思考。
7. 增加一些開放式問題到你的課程計畫裡，給學生時間討論各種可能性。
8. 設計一些能夠產出不止一個答案的課題。

老師問

1. 你覺得高原對於高山會抱持什麼樣的看法？
2. 你覺得________對於________會抱持什麼樣的看法？

其他可以採取的活動：

1. 提出五種將 16 這個數字分類的方法。
2. 在 1 分鐘以內，盡可能多想一些可以用來形容這首歌的詞。你會如何歸類自己寫的東西？
3. 與其直接告訴學生要學些什麼，不如鼓勵他們分析細部並予以呈現出來，予以歸類。注意箇中存在的各種型態，找出背後想要表達的重要想法是什麼，或是回答根本性的問題。
4. 課程要能帶給學生驚奇、好奇與參與，讓學生能夠利用這些課題所創造出來的探索空間，驅策自己的學習。也可以教學生，如何把這些問題應用到每天的課題或是作業中。

檢驗理解程度

在應用上述建議調整課程後，請自問以下問題：

1. 你是否發現，學生們在回答更複雜的問題時，變得更有活力？
2. 學生們是否更投入於學習的課題？
3. 課程的論述如何幫助學生學到更多東西，同時運用先前課程中學到的策略與技能？
4. 根據你的觀察，學生是否轉換自己的學習方式，由自己帶領自己學習？他們用了哪一種學習方式？
5. 你還觀察到其他什麼事嗎？

6. 你好奇課堂中發生的什麼事？
7. 你自己在規劃課程時，如何應用成長性思維的概念做為傳遞訊息的方式？你運用何種方式示範給學生看？

補充與延伸想法

1. 教師自行閱讀由裘・波勒（Jo Boaler）所寫的《大腦解鎖》（*Limitedless Mind*）。
2. 上 Youcubed.org 網站以取得更多數學課題。
3. 了解丹・梅爾（Dan Meyer）的「三幕式數學題」（3 Act Math tasks）*，或是自行設計一道數學習題。

* 譯注：第一幕，以圖片或影片呈現問題；第二幕，讓學生自行收集資料解決問題；第三幕，由學生簡報各種解題方法與答案，老師再公布答案。

第三課

我的最佳學習方式

課程時間：20 至 30 分鐘。

給老師的話

為什麼我們很常聽到別人說，寫日誌是促進反思與後設認知的好工具呢？有一個原因是，它真的有用！寫日誌可以幫助我們逐步解決問題，或是省思一整天下來的所作所為。如果持續寫日誌一段時間，更能夠幫助我們找出自己的行為模式，讓我們更清楚了解到，自己在不同狀況下所做的各種選擇及經常採用的策略。

在本堂課中，學生要用素描或是書寫的方式，描述自己怎麼學習時效果最好。我們同時也鼓勵各位老師，開始書寫日誌，每天寫或每週幾天寫一次都好，只要讓它變成你的一種習慣。隨著學生對自己每天的學習做愈來愈多的反思，他們會開始對那些觸發自己定型化思維的因素，獲得一番新的了解，同時找出最適於自己的學習方式，以及自己如何才能成為更成功的學生。

學習目標

上完這一課後，學生將能得知自己怎麼樣學習最有效能。

資源與教材

1. 發給學生填寫的「後設認知問卷」(見 202 頁)。
2. 老師分享自己的親身案例，和學生討論什麼才是最有效能的學習方法。
3. 白紙。
4. 多枝彩色鉛筆或無毒麥克筆。

教學方法

花時間想想什麼樣的學習方法最有效能，對於發展出一套優化學習的方法論會很有幫助。鼓勵學生規劃及擬定學習計畫、監控學習過程，以及評估學習成果等事項的方法。

以下提供兩個我們在教學過程中的實際例子，這兩個案例同時也收錄在我們的另一本著作《成長性思維遊戲書》中：

案例一

安妮是一個聽覺型學習者，當她聽到學習內容被大聲講出來時，她吸收資訊的效果會比較好。她常會在默唸的時候停下來，把重要的段落大聲唸出來，以幫助自己更加理解這些段落。她也會在閱讀時大聲問自己問題，以維持對內容的高度理解。一旦理解力開始下滑，她會重新再讀一次，並採用另一種策略，像是針對令自己困惑的段落加上評注，用分段理解的方式去消化段落內容。

案例二

希瑟是一個視覺暨動覺型學習者，她經常運用記筆記以連結學習，同時也勾勒出自己學習的輪廓。為了記住資訊，她的方法是，重新再寫出來一次、把自己的學習建構成多個可管理的區塊，或是建構為讓她可以用某種方式、形態或形式做事。

老師做　讓要學生們想想自己在規劃、監控、反省以及評鑑自己的學習狀況時會採用的策略。把紙和麥克筆發下去，要他們寫出或畫出對自己最管用的學習策略。

檢驗理解程度

要檢驗學生對於這課內容的理解如何，得透過持續的觀察。依照每個學生的學習偏好（learning preferences）如何，盡可能提供他們需要的資源，讓他們能夠實現自己列出來的學習策略綱要。

請學生在每日學習中運用這些策略。要是發現學習上遇到困難，請他們回想自己用什麼方式學習最有成效，然後試著運用其中一種或多種策略。

補充與延伸想法

1. 老師自行閱讀安妮・布魯克（Annie Brock）和希瑟・韓德利（Heather Hundley）所寫的《成長性思維遊戲書》。
2. 經常給予學生意見回饋。

後設認知問卷

學習新事物的時候，在什麼狀況下你會感到挫折？

……………………………………………………………………………………

……………………………………………………………………………………

當你不了解一件事的時候，你會怎麼做？

……………………………………………………………………………………

……………………………………………………………………………………

你如何把新資訊和你已經知道的事情連結起來？

……………………………………………………………………………………

……………………………………………………………………………………

當你學習某種新事物時，你會有什麼感覺？

……………………………………………………………………………………

……………………………………………………………………………………

今天的課程中，有哪些地方讓你感到困惑？

……………………………………………………………………………………

……………………………………………………………………………………

今天的課程中，有哪些地方讓你覺得困難？你怎麼解決這個問題？

……………………………………………………………………………………

……………………………………………………………………………………

你可以怎麼做，來幫助自己把今天學的東西學得更好？

……………………………………………………………………………………

……………………………………………………………………………………

第四課

如何把想法說出來

課程時間：10 至 15 分鐘。

給老師的話

這堂課比較特別，因為我們要介紹一種你可以運用在每天課堂中的實務做法。我們都知道，對於許多學生來說，往往無法或不願意針對他們在課堂上的學習，表達出他們的真實感受。其實只要給他們一些提示句型做為引導，我就可以不用再去猜測他們腦子裡到底在想什麼。

讓學生看這些引導他們「把想法講出來」的提示範例，然後在教室裡貼出來。每當在學習上需要什麼幫助時，如果覺得要講出來有困難，那就去看這些提示範例。或是要他們挑選一個提示句來完成，做為課堂結束時的思考單。等到學生們愈來愈習慣把想法說出來，他們就能發展出對外求援、評鑑自己學習狀況的能力，也會更容易省思自己的學習狀況。

學習目標

上完這一課後，學生將能描述自己正在學習什麼，也更能做好準備，發現自己在學習中的錯誤認知，並精確找出自己還需要幫忙釐清的部分，以及運用後設認知策略改善學習。

資源與教材

1. 引導他們把想法講出來的提示範例。
2. 提示範例可以寫在小卡片上，或串在活動卡圈上，或是在教室裡張貼出來。

教學方法

老師做 利用引導他們把想法講出來的提示卡，打造一個讓學生能夠觀察與執行後設認知策略的豐富環境。在教學時使用這些提示卡，鼓勵學生實際善用這些卡片。可以把卡片串在卡圈上，或是在教室裡貼出來，好讓你或是學生都可以取用。同時也用這些卡片幫忙確認，這些事情在你們的學習計畫中位居重要的位置。

提示範例

1. 今天，我學習到的是……
2. 我有個問題是……

3. 我想知道是不是……
4. 我是否了解自己學到什麼？我要如何知道這件事？
5. 我需要調整自己的學習方法嗎？為什麼需要？為什麼不需要？
6. 我需要的額外資訊是……
7. 對於自己學到的東西，我的感覺是……
8. 學習過程中最讓我感到困難的地方是……
9. 學習內容中讓我搞不太懂的地方是……
10. 影響到我學習進程的因素是……
11. 今天的學習中，最讓我感到醍醐灌頂的部分是……
12. 學到的東西和我原本的預期有不同嗎？
13. 過去我是不是有誤解的地方？有的話，是什麼？
14. 我可以把我學到的東西再教給別人，我的方法是……
15. 我是不是還需要更多指導，或是能夠更有效監控學習狀況的方法？是的話，怎麼做？
16. 我可以把自己學到的東西整理成簡潔的概要。我的方法是……
17. 對於接下來的學習，我會給自己的建議是……
18. 這次學到的東西，未來可以派上用場的部分是……
19. 要學習這樣的內容，我的優勢在於……
20. 在學習中，我最感到自豪的時刻是……
21. 我是否已盡全力學習？
22. 我是否藉由提問幫助自己學習？

檢驗理解程度

藉由提示卡的運用，可以一窺學生是否掌控自己的後設認知策略。

補充與延伸想法

1. 收集一些舊的油漆色卡（或色票），顏色要有不同層次。把這些色卡由淺色到深色分別標上「我聽不懂」、「可以聽懂一部分」、「我完全可以聽懂」，以及「我可以再解釋給別人聽」等等（可以配合你的課堂需求，改用不同字眼）。
2. 對於今天的學習，哪一張色卡的描述最符合你的感受？
3. 閱讀由大衛・夏農（David Shannon）所寫的《條紋事件糟糕啦！》（*A Bad Case of Stripes*）。
4. 欣賞「好想法！那很後設（認知）！」（Good Thinking! — That's so Meta(cognitive)!），YouTube 上「史密森尼科學教育中心」（Smithsonian Science Education Center）頻道的影片。

把想法講出來的提示卡

掌控你的自我對話：要用成長性思維的訊息傳遞方式。

我是否了解自己學到了些什麼？我要如何知道這件事？

今天，我學習到的是……

我需要調整學習方法嗎？為什麼需要？為什麼不需要？

我有個問題是……

我需要的額外資訊是……

我想知道是不是……

對於學到的東西，我的感覺是……

學習過程中最讓我感到困難的地方是……

學到的東西和我原本的預期有不同嗎？

學習內容中讓我搞不太懂的地方是……

我是不是有誤解的地方？有的話，是什麼？

影響到我學習進程的因素是……

我可以把我學到的東西再教給別人，我的方法是……

今天的學習中，最讓我感到醍醐灌頂的部分是……

我是不是還需要更多指導，或是能夠更有效監控學習狀況的方法？是的話，怎麼做？

我可以把自己學到的東西整理成簡潔的概要。我的方法是……

在學習中，我最感到自豪的時刻是……

對於接下來的學習，我會給自己的建議是……

我是否已經盡全力學習？

這次學到的東西，未來可以派上用場的部分是……

我是否藉由提問幫助自己學習？

要學習這樣的內容，我的優勢在於……

第五課

正念與挫折復原力

課程時間：20 至 30 分鐘。

給老師的話

每一天在課堂上，都會發生各種令人開心與沮喪的事情。對於老師來說，要處理一天之中碰到的所有情緒，有時真不是件容易的事。同樣的道理，我們也可以想見對學生來說，他們也會經歷類似的經驗。在這堂課裡，我們要提供學生一些簡單的「正念技巧」（mindfulness strategies）。正念可以簡單定義為，把你的注意力轉移到當下的時刻上。這些技巧特別可以幫助那些感到有壓力、帶有怒氣或是處在負面情緒的學生紓緩情緒之用。已經有研究證明，正念技巧有助於提升注意力、減輕壓力。這些實務做法將能幫助學生管理情緒，重新把焦點放到學習上。

學習目標

上完這一課後，學生將能了解正念練習的方式，幫助自己養精蓄銳。

資源與教材

1.「正方形呼吸法」圖示說明。

2. 正念技巧（海報紙）。

3. 發給學生填寫的「你現在感覺如何？」學習單。

教學方法

老師做◇準備能夠讓學生紓壓的歌曲組合、由影像與金句組成的影片，或是帶領學生做的各種身體活動相關圖片，像是伸展、正念 1 分鐘聆聽，或是進入想像時刻等等。

把以下的放鬆技巧分享給你的學生：

1. 呼吸練習：

● 冥想呼吸法：想像自己正在聞玫瑰花香，吹熄你的生日蛋糕蠟燭。請學生們把手掌弓成杯狀，蓋在臉上。首先，「聞聞」你這弓起來的手掌內側，就像它們是充滿香氣的玫瑰般；接著，在你弓起來的手掌內側吹氣，好像要把生日蛋糕上的閃著火光的蠟燭吹熄般。這是提供給較年幼兒童的一種呼吸與紓壓技巧。

● 正方形呼吸法：畫出一個正方形，畫第一條邊時吸氣，下一條邊時吐氣（見下頁圖示）。

正方形呼吸法

吸氣四秒，維持四秒，吐氣四秒，維持四秒。

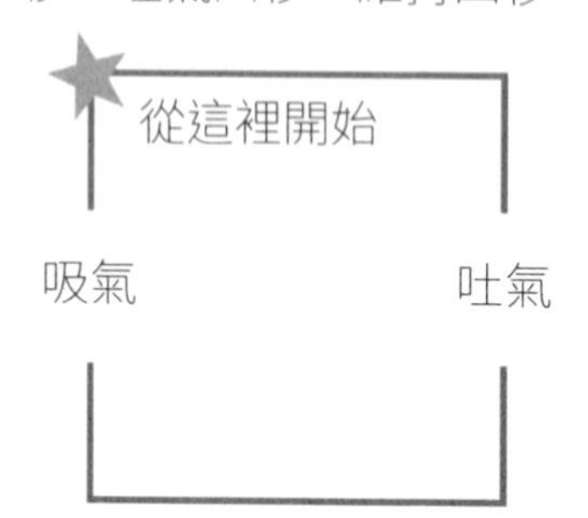

用你的手指慢慢沿著正方形的邊走。一開始先吸氣，直到你抵達標示為吐氣的開始處為止。盡可能多循環幾次。

2. 維持正念，不做評判：

● 找出那些你此刻正抱持的情緒與感受，幫它們取名：它叫____________________。

3. 練習同理心：

● 問問你自己，當你知道有朋友正面臨同樣的難受或挫折時，你會對他們說什麼？

● 寫一封內容為「我能夠感同身受」的信給自己。

4. 勤唸金句：

● 選擇一個金句，每天多唸幾次，以提醒你的自我價值、你鍥而不捨的努力，或是你聚焦的重要事物。

5. 練習靜坐 1 分鐘。

6. 釋放體內壓力：

- 聚焦於身體的一個部位，藉由放鬆那個區域，有意識的釋放該處的壓力。

7. 培養成長性思維：

- 練習在做事時培養成長性思維，以提升挫折復原力。

檢驗理解程度

在採行以上做法時，要謹記每一個人練習養成挫折復原力的旅程，都是獨一無二的。提供一個安全而有包容性的環境給學生，支持他們、同時支持學習過程，是相當重要的事。要確保學生能夠以健全的方式，因應生命中的壓力，同時，和他們的家人建立夥伴關係，而且經常保持溝通。

補充與延伸想法

1. 用日誌的形式每天寫下一句金句，或是一些有助於練習正念的作業。
2. 在你的行程表裡排定時間給學生，找出什麼做法在他們身上管用，並提供機會給他們練習。
3. 上兒童平台 GoNoodle 看影片、學瑜伽（www.gonoodle.com）。
4. 正念冥想應用程式：Headspace 與 Calm。

你現在感覺如何？

滿意

開心

憂慮

茫然

驚訝

尷尬

困惑

沮喪

難過

不適

受傷

生氣

PART5

好奇心、
創造力與品格

「心智並非一個有待填滿的容器，而是你必須點燃的火苗。」

——普魯塔克（Plutarch）

本章介紹

培養好奇心、開發創造力與塑造品格，是教育工作者對於學生最重要的職責。在本章當中，我們會分享關於這三大層面的課程。但光是制定課程計畫並不夠，你還得引起學生對於這些事情的重視。因此，請記得每天都要做以下幾件事：鼓勵展現出好品格的學生；允許學生追尋自己的興趣，以鼓勵他們的好奇心；要在任何可允許的時間與地點下，給予學生發言與選擇的權利，為他們的創造力添加柴火。

第一課

三十個圓圈

課程時間：20 至 30 分鐘。

給老師的話

抱持定型化思維的人，經常因為害怕別人對他的評判，因而不敢百分之百發揮自己的創造力，讓自己失去了修改想法或點子的機會。因此，想要引導學生參與創造性活動，鼓勵他們的創造性思考，就要協助他們彌平「創意落差」（creativity gap）。什麼是創意落差呢？根據研究指出，有些學生會出現一種「不在學校時很有創意，來到學校時就沒那麼有創意」的傾向。

舉例來說，有個同事曾經對我說：「當我看到三十幅長得都一樣的圖畫掛在牆上時，我會覺得那些不是藝術作品，而是食譜。」想想你自己課堂上的實際情形，有多少學生看待作業的心態經常是照本宣科的交差了事？有多少期待學生發揮創意的專題作業最後卻比較像是「食譜」？創造力就像數學或閱讀課一樣，是一種能夠經由學習而獲得的技能，同樣需要透過師生的共同努力與練習。請盡量擠出一些課堂時間出來，讓你的學生練習創造力，這樣的學習及成果絕對是值回票價的！

學習目標

上完這一課後，學生將可藉由實際的例子了解到，如果抱持著定型化思維，可能會降低我們成為一個有創造力的學習者的意願與動機。學生也會深入了解到，如何挑戰自我想法，打造源源不絕的創造力。

資源與教材

1. 發給學生填寫的「三十個圓圈大挑戰」學習單。
2. 多枝鉛筆或原子筆。

教學方法

老師做◇老師自行欣賞影片：提姆・布朗（Tim Brown）的 TED Talk 演說「創造力與遊戲的一些故事」（Tales of Creativity and Play），以取得課程內容相關資訊（該影片並不適於所有學生觀看，所以請自己觀看即可）。

課程開始時，發給每位學生一份「三十個圓圈大挑戰」學習單。給他們 5 分鐘的時間，盡可能把多一點的圓圈，畫成大家能夠辨識的物品（你可以先示範幾個例子，像是畫成笑臉或足球等等）。

5 分鐘過後，要學生停筆，向大家分享你提出的以下問題：

1. 有沒有任何人畫的是我示範給你們的例子？為什麼？
2. 有沒有任何人刻意不畫我示範給你們的例子？為什麼？
3. 有沒有任何人原本有想法，但害怕這個想法不夠好，所以沒有畫出來？為什麼？

跟學生說許多人會不斷「修改」自己的原創力無數次，只因為他們害怕自己的創作是「錯」的，或是會被別人拿來取笑，或擔心自己抄襲別人，所以乾脆不要盡情發揮自己的創造力。但創造力本來就包含透過學習與模仿別的例子，來刺激自己的靈感。我們不需要忙著審查或修改自己的想法，或甚至是不敢提出任何想法。每個想法都是極其珍貴的，就算這些想法一開始看起來是很不成熟或愚蠢的。

老師做把那些「打破規則」（即使課堂中從未明確提到過任何規則）的學生作品，挑出一些當做例子與大家分享。例如：把兩個圓圈結合在一起，畫成一輛自行車，或是畫到圓圈外面去的作品。規劃時間讓大家看看這些具有創意的想法。可以將學生分組，讓他們在教室裡觀賞其他同學的作品。欣賞完畢後，詢問學生以下問題：

1. 有哪些設計是大家都想到的？
2. 有誰的創意是其他人沒有想到的？

跟學生說 一旦運用自己的成長性思維，我們就不會害怕自由展現自己的創造力，因為我們並不擔心把自己的想法展現出來——那是我們正在學習與成長的表現。相反的，一旦抱持定型化思維，我們就會害怕去做感覺很愚蠢的事，或是不敢做出超越框架的事（例如：畫到圓圈的外面去）。只要能擺脫害怕犯錯的恐懼，擁抱自己的原創想法，不管那是什麼想法，創造力將是一種可以自己發展與練習的技巧。

檢驗理解程度

要持續打造一個鼓勵孩子們拋開定型化思維，跳進創造力天地的環境。讓他們針對那些涉及創造力與表現的課題，用一到四分四個等級自我評鑑：一分代表在完成課題時，定型化思維自我對話的程度頗高；四分則代表在完成課題時，充分運用成長性思維的自我對話。

補充與延伸想法

1. 嘗試「一百個問題大挑戰」活動，由學生針對你選定的任何主題，列出一百個相關問題。

2. 閱讀繪本《點》，彼得．雷諾茲著。
3. 欣賞《你難以捉摸的創意天分》(Your Elusive Creative Genius)影片，伊莉莎白．吉兒伯特(Elizabeth Gilbert)的 TED Talk 演說。

4. 老師自行閱讀《創意電力公司：讓創意與商業完美結合、企業永續成功的祕密》(*Creativity Inc.: Overcoming the Unseen Forces that Stand in the Way of True Inspiration*)，艾德．卡特莫爾(Ed Catmull)著。
5. 閱讀《美麗的錯誤》(*Beautiful Oops!*)，巴尼．索茲伯(Barney Saltzberg)著。
6. 欣賞《好點子從何而來》(Where Good Ideas Come From)，史蒂芬．強森(Steven Johnson)的 TED Talk 演說。

7. 欣賞《原創思考家的驚人習慣》(The Surprising Habits of Original Thinkers)，亞當．格蘭特(Adam Grant)的 TED Talk 演說。

8. 欣賞《學校是否扼殺創造力？》(Do Schools Kill Creativity?)，肯．羅賓森爵士(Sir Ken Robinson)的 TED Talk 演說。

三十個圓圈大挑戰

請在 3 分鐘以內，將空白圓圈畫成大家能夠辨識的物品（像是笑臉、時鐘等等），請盡可能畫多一點哦！

第二課

如何孕育想法

課程時間：30 至 60 分鐘。

給老師的話

在工作坊中，我們常會聽到很多老師說：「我的學生就是不擅長於解決問題。」或許學生確實目前仍缺乏解決問題的能力，但只要你願意給他們機會練習，他們往往就能透過練習而學會這項技能。仔細想想，孩子在生活中面對的許多課題，都是在大人精確而按部就班的指示下完成的。我們往往會在孩子卡住時介入，給他們一些意見或是解決方案，這也難怪他們不擅長於解決問題。要是我們能夠給學生機會，讓他們自己和問題奮戰，自己去找到答案，不要靠大人的介入幫忙，想像一下，那會是什麼樣的畫面？

在這堂課裡，你要扮演的就是這樣的角色——要學生們找出課堂裡的問題，自己想出解決方案來解決問題。切記，這是一個由學生自己推動的活動，在構思與執行的過程中，記得繼續藉由持續問他們問題，扮演好從旁促成的角色，千萬要忍住你的衝動，不要直接介入幫忙。

學習目標

上完這一課後，學生將能了解找出問題、迅速發想，並參考意見回饋，以設計解決方案的過程。他們會學到如何執行解決方案，以及根據觀察與意見回饋，進行方案的必要修正。

資源與教材

1. 發給學生填寫的「問題解決單」。
2. 發給學生填寫的「解決方案規劃單」。

教學方法

跟學生說● 今天，大家要來學習如何孕育想法。第一件要做的事是要找到需要解決的問題，所以大家一起來腦力激盪，找出你在課堂裡，曾觀察到哪些讓你感到困擾的問題。

老師做○ 聽學生分享他們觀察到的各種問題（學生提出的問題可能是：「排隊時大家沒有辦法保持安靜」、「下午的日射角度會照到眼睛」、「想用麥克筆時常常找不到」、「椅子坐起來不舒服」之類的答案）。把學生提出的所有問題都記錄下來。將學生分成三人一組，每一組自行討論列出來的這些問題，並挑選其中一個問題進行詳細的研究。

等到各組決定好要處理哪一個問題後（不同組選到同一個問題也無所謂），把「問題解決單」（見226頁，我們也提供另一種問題解決單供讀者挑選，見227頁）發給每個學生，給學生10分鐘自行完成這項作業。接著，由每一組的每一位成員，輪流說明自己想到的最佳解決方案。其次，各組收集大家對於每一位成員的方案所提出的意見回饋，並選出其中一項最贊同的意見代表該組方案（可以是其中一名組員所提出的方案，或是大家一致通過的解決方案，也可以是經過意見回饋的程序後新誕生的解決方案。）

小組決定解決方案後（應該要透過小組合議，由老師認可），發給他們「解決方案規劃單」。學生再次把問題寫上去，也把解決方案的細節，連同執行步驟寫進去，同時也列出可能會需要的物資，或是來自老師或其他同學的合作。

一旦解決方案執行後，各小組要監看執行成果。他們必須觀察實際執行的狀況做筆記、收集同儕的意見回饋，並寫下自己所提的解決方案是否有哪裡需要修改、加強或調整的意見。在接下來的幾天或幾週內，規劃時間讓學生定期討論，解決方案造成的影響。

檢驗理解程度

瀏覽學生寫的「從問題到解決方案」學習單，觀察學生先想出多種想法，再縮小範圍到單一可行解決方案的能力程度。

仔細察看各小組的團隊合作狀況，並與各小組開會，看看他們是否提出了可行的答案，以及真的能夠處理所提出來的問題，藉以評估他們的理解程度。

補充與延伸想法

1. 要學生找出一個關於全校或全社區的問題，並啟動同樣的流程。
2. 閱讀繪本《如果你有一個想法？》（*What Do You Do with an Idea?*），科比・亞瑪達（Kobi Yamada）著。

問題解決單

寫出一個你目前碰到的問題。

想出三種能夠用來解決上述問題的解決方案。寫好之後，選出你的最佳解決方案，並試著去實際執行！

從問題到解決方案

定義問題：你所遇到的問題是什麼？

想出三種解決問題的方法。

選擇你的最佳解決方案，描述你要如何執行它的實際做法。

解決方案規劃單

詳述你的解決方案，包括它可以解決什麼樣的問題。

列出執行步驟。

可能需要的物資及事項。

解決方案必須做出的調整。

來自同學與老師的意見回饋。

第三課

仁慈很重要

課程時間：20 至 30 分鐘。

給老師的話

孩子們在學校裡不只是學習各種科目而已；他們也學習如何做人。教導他們仁慈，是一件重要且值得我們花些時間進行的事。仁慈的對象與表現可以是多元的，你可以教學生對自己仁慈、對別人仁慈、對動物仁慈，以及對地球仁慈。身為老師，你能對學生造成巨大影響力的其中一件事，就是在你看到學生表現出仁慈的行為時，直接表達你的認同與讚許。請花點時間發現孩子的仁慈行為，親身示範仁慈的力量。

學習目標

上完這堂課後，學生們將能看出什麼狀況下，自己應該要發揮仁慈之心，並發展出幫助別人的行動方案。

資源與教材

各種情境的照片集。

教學方法

老師做 在課程開始前，設置一條走道，在走道兩旁展示不同的情境說明（你可以把情境寫在紙上，或是用電腦打字、配上照片再列印出來，並張貼在教室內各處）。把學生分為人數較少的小組，並安排展示區的起點，讓學生穿過展示區，直到看完全部的情境並抵達終點為止。各種情境說明如下：

1. 有個同學將文具遺留在音樂教室裡。我該怎麼做才是仁慈的表現？
2. 你看到一個同學遭人取笑。該怎麼做才是仁慈的表現？
3. 有個學生下課時間一個人站在那兒。該怎麼做才是仁慈的表現？
4. 你注意到同學們都已經跑完操場了，只剩下一個同學還要再跑一圈才算完成。該怎麼做才是仁慈的表現？
5. 有個同學在哭，因為他不知道怎麼回答問題。該怎麼做才是仁慈的表現？
6. 你看到一個朋友做了一些令人難堪的事情。該怎麼做才是仁慈的表現？

檢驗理解程度

你可以在教學過程中運用一些提示詞引導學生。例如：「請大家想一想，當我們身處這些情境時，可能會有哪些感受？你希望別人如何對待你？」並且詢問學生：「你是否相信，如果自己對情境中的當事人展現出仁慈，將會影響那個人一整天的心情？」

邀請學生舉出自己的親身經歷，說明當別人對他們展現仁慈的行為時，如何影響他們的感受？

補充與延伸想法

1. 閱讀《仁慈很重要：教導隨機仁慈行為的一個故事》（*Kindness Counts: A Story for Teaching Random Acts of Kindness*），布萊恩・史密斯（Bryan Smith）著。
2. 欣賞《仁慈迴力鏢》（Kindness Boomerang），YouTube 上「內有救生衣」（Life Vest Inside）頻道的影片。

3. 閱讀繪本《一絲絲的仁慈》（*One Drop of Kindness*），傑夫・庫比亞克（Jeff Kubiak）著。
4. 請學生建立自己的照片集或影片集，透過角色扮演示範仁慈的作為。
5. 老師們建立起學習社群，持續討論仁慈這個議題，並且思考在學校生活中，有哪些是你和學生們試圖表現出仁慈的作為，但其實還有改進空間。

第四課

黃金圈

課程時間：20 至 30 分鐘。

給老師的話

在這堂課裡，學生們要學習如何製作願景板（vision boards）。我們知道有些老師覺得製作願景板很虛偽，只是在浪費時間。但不妨先拋開成見，跟著我們重新認識願景板吧！

賽門・西奈克（Simon Sinek）在他的暢銷書《先問，為什麼？顛覆慣性思考的黃金圈理論，啟動你的感召領導力》（*Start with Why*）中，概述了他主張的「黃金圈」（Golden Circle）架構（各位可以在本課末提到的 TED Talk 演說中，進一步了解黃金圈的概念）。在黃金圈的正中央，有一個大大的「為什麼」，意思是指：你的出發點是什麼？你相信什麼？對你來說這件事為什麼重要？西奈克主張，先弄清楚核心的

「為什麼」，可以幫助你在商業領域中持續邁向成功。

雖然西奈克的書鎖定對象是企業領導人，不過我們認為找到你的「為什麼」，對於課堂教學一樣很有幫助。在這堂課的活動中，學生可以藉由設置的公開展示區，找到自己「為什麼要學習」的原因，這個原因將會成為製作個人願景板的基礎。從學生的願景板中，可以幫助你了解關於他們的一些重要資訊，例如：他們是個什麼樣的學習者，以及是個什麼樣的人。

老師要幫助學生們了解，學習真正的價值並不來自於我們做了什麼或是我們怎麼做，而是來自於思考「為什麼學習」這件重要的事，而這件事對於每個人而言可能是不盡相同的。

學習目標

上完這一課後，學生將能分別說出和學習與學校有關的「為什麼」。

資源與教材

1. 一些原子筆或無毒麥克筆。
2. 「找到我的為什麼」學習單。
3. 一落可以用來裁剪的舊雜誌或舊報紙。
4. 可上網或列印的電腦設備。
5. 一些膠水。
6. 海報板。
7. 幾把剪刀。

教學方法

老師做 在開始課程前，老師先自行觀看西奈克在 TED Talk 的演說《偉大的領導者如何激勵行為？》（How Great Leaders Inspire Action）中解釋「黃金圈」的想法。這支影片或許並不適合某些年齡層的學生觀看，也未必能讓所有學生有所共鳴。老師可以自行觀看影片後，再決定要不要和學生分享。在這個課程裡，我們會取用西奈克的黃金圈概念*，並將它應用到教育上。

老師在課堂裡設置公開展示區，擺出三大幅紙板，上面各有一個圓圈，並分別標示：「我們學什麼」、「我們怎麼學」，以及「我們為何學」。

請學生前往每一個紙板，分別在便利貼上寫出以下三個問題的答案：

1. **我們學什麼：**分數、逗點、南北戰爭、介詞等等。
2. **我們怎麼學：**閱讀、研究、聆聽、複習與學習用小卡等等。
3. **我們為何學：**這個部分每個學生的答案可能會比較不一樣。如果你發現學生需要你的協助才回答得出來，

＊ 譯注：指一組用於有效訴諸消費者的同心圓，最內層是「為什麼」，再來是「怎麼做」，最外層是「做什麼」。西奈克指出，當我們依序由內而外訴諸消費者時，會更容易吸引他們。

可以提供他們一些句型，像是：「因為我想要……」、「因為我覺得……」、「因為我相信……」、「因為我重視……」等等。

然後，和全班同學一起看看大家寫出來的「我們學什麼」、「我們怎麼學」、「我們為何學」答案，如果有任何答案寫錯類別，就把便利貼移到正確的類別去。

跟學生說今天，我們的焦點會放在「為什麼要學習」這件事情上。每天我們來到學校努力學習，但我希望你們把「學習」這件事，和你們「為什麼要學習」的個人原因連結起來。

大家可以發現這張圓圈圖的正中央，談的是「為什麼」，是有關目的、價值與信念（呈現黃金圈的圖形）。接下來，我要發給你們一張「找到我的為什麼」學習單，幫助我們一起找出自己為什麼要學習的答案。

跟學生說大家已經寫好「找到我的為什麼」學習單了，接下來，我們要用你們寫下來的資訊，製作一張願景板。每個人的願景板代表著你之所以要學習的原因。這張板子會透露出你的目標、你希望擁有的感受，以及你擁有強烈情緒連結的人與事。除了運用文字，你可以在上面貼上照片、座右銘、你的藝術創作，或是用圖畫來展現資訊，只要是任何能夠象徵你為什麼要學習與成長的元素，或是啟發你的學習與成長動機的元素，全都可以加在願景板上。等大家都完成之後，會把大家精心製作的願景板展示在公開展示區，讓所有同學一起欣賞。

檢驗理解程度

請學生們把自己製作的願景板上的資訊，濃縮為簡單的幾個字或短短一段話，然後寫在筆記卡上，放在自己看得到的地方（也可以當成書籤使用，或是做成磁鐵貼放在喜歡的地方）。

補充與延伸想法

老師自行閱讀《先問，為什麼？》，賽門．西奈克著。

找到我的為什麼

如果我有用不完的錢，我會把時間拿來：

......

如果我可以許一個願望，那會是：

......

讓我真正覺得快樂的一件事是：

......

我經常懷抱的夢想是：

......

我很樂於嘗試的一件事是：

......

我最大的一項優勢是：

......

我對成功的定義是：

......

如果我可以花一個下午做一件事，那件事會是：

......

讓我覺得感激的事情是：

......

當我做這件事的時候，我的心情最好：

......

（翻下頁）

找到我的為什麼

我心目中的夢想工作是：

....

真正啟迪我的人是：

....

他之所以啟迪我是因為：

....

做一些我愛做的事，會讓我覺得：

....

當我感到沮喪時，會讓我感覺好一點的事情是：

....

對我來說，人生中最重要的事情是：

....

會讓我真的為自己感到驕傲的事情是：

....

對我而言，美好的人生應該要包括：

....

未來的某一天，我會看到我從事的工作是：

....

第五課

開發你的想像力

課程時間：20 至 30 分鐘。

給老師的話

愛因斯坦曾寫道：「想像力就是一切，它讓我們得以預覽人生中即將到來的美好事物。」擁有豐富的想像力，是個人工具箱中威力十足的工具。這不光是因為想像力能讓我們想到一些令人驚豔的新想法，還能讓我們從不同的角度與觀點看待事情。想像力可以為同理心添加柴火，特別是讓我們有能力換位思考，設身處地想像別人的想法與感受。

想像力是一種技能，它是可以藉由練習而培養的。有時候，不妨讓自己的腦子休息一下，做一點想像力練習，幫助自己發展這項重要的技能。

學習目標

上完這一課後，學生將能說出想像力的定義，以及學會敦促自己的大腦，為生活中常見的物品想像出新的用途。

資源與教材

1. 一些生活中常見的物品。
2.「想像力」的定義（見 243 頁）。
3. 學生的想像力指引。

教學方法

跟學生說 今天我們要探討的主題是「想像力」。你們認為什麼是想像力呢？請提出自己的看法與定義，也可以舉個例子來說明。

大家都已經提出自己對於想像力的定義或舉例說明。想像力的定義就是，針對並不真實存在的人事物，而能在腦海中形塑出影響或概念的能力。（呈現「想像力」的定義。）

簡單的說，想像力就是用你的心與眼，去看到不存在於你眼前的東西。現在我們就來試試看吧。請大家閉上眼睛。

老師做 老師開始閱讀。讀的速度要放慢一點，好讓學生能夠在腦海中想像出文字所描述的畫面。

跟學生說 我要你們閉上眼睛想像一下，這裡有一顆海灘球。它是一顆很大的球，上面有紅、藍、黃三個顏色的條紋。這顆海灘球跳上又跳下，又跳上又跳下，又跳上又跳下。你們看到它了嗎？

現在我們把鏡頭拉遠，你會看到這顆球，其實是在一隻山羊的鼻子上，跳上又跳下，又跳上又跳下，又跳上又跳下。那是一隻有著白色的毛，雙角向後方彎曲的山羊。現在，山羊就在這裡，用牠的鼻子把海灘球頂得上下跳。還有，這隻山羊穿著雨衣以及雨鞋哦。牠穿著黃色的雨衣與有著圓點點的雨鞋，牠正用鼻子頂著海灘球。你們看到了嗎？

現在，這顆海灘球正在跳上又跳下，又跳上又跳下，又跳上又跳下。突然，球破掉了，發出「嘶……」的聲音。山羊把球咬破了！球裡面的空氣都洩出來了！山羊把扁掉的海灘球吐在地上，走掉了。

現在，請大家把眼睛張開。你們有辦法看到那隻山羊嗎？有看到球嗎？有看到那些雨具嗎？如果你看到了，那麼恭喜你！你剛才充分運用了想像力。想像力或許說起來很簡單，卻相當耗費我們的腦力，才能想像出不存在於現場的東西。大家真棒！

老師做 播放並欣賞《想像力的神經科學》（The Neuroscience of Imagination），安德烈．維謝茲基（Andrey Vyshedskiy）在 TED-Ed 的演說。

跟學生說 想像力是創造力的核心元素。要想出新點子，我們必須跳脫眼前所看到的影像，試著在腦海中運用創造力，想像它可能會呈現的樣貌。今天，我們就來針對一些每天生活中常見的物品，試著想像出它們是否可能具有創造性的新用途。

在我手上的這個箱子裡，有許多隨機挑選的物品。你們每個小組的工作（**請先將學生分組**），就是要從箱子裡抽出一件物品來，為它想像出一種新用途。注意，不可以是這件物品原本常見的用途哦！舉例來說，如果我抽到一個游泳時會用的浮力棒，那麼我的答案不可以是「這是游泳時用的」。我可能會說，這是大象用的義肢，是為那些因為意外而失去軀幹的大象所設計的。

這樣大家了解了嗎？現在，我們有 3 分鐘的時間，為你抽到的物品想像出新用途。接著，請把想到的新用途分享給大家，然後再換下一個新物品。如果你想到的用途已經被別的小組說過了，就要再想一個。記得，必須憑空想像出物品的全新用途。

檢驗理解程度

在學生們為各種物品想像新用途時，從旁盯著他們的進度。如果有學生搞不懂這次的課題是在挑戰什麼，隨時提供他們協助。

補充與延伸想法

1. 老師自行閱讀可汗學院的「盒子裡的想像工程」（Imagineering in a Box）課程。

2. 把一些不以完成特定目標為宗旨的玩具放到教室裡面來，例如：積木。

3. 舉辦「樂高挑戰」活動，請學生用樂高組合出新東西，協助解決問題。
4. 欣賞尼爾萬・穆利克（Nirvan Mullick）拍攝的短片《凱恩的遊戲機中心》（Caine's Arcade）。

5. 和學生一起玩「魯布・戈德堡」機械設計挑戰（Rube Goldberg，參見 www.rubegoldberg.com）。

想像力

針對並不真實存在的人事物，

而能在腦海中形塑出影像或概念的能力。

PART6

把所有東西
整合起來

「思維的轉變，並不是四處找幾個指標當代表就算數，

而是要以全新的方法看待事情。」

——卡蘿·杜維克博士

本章介紹

在這一章，我們挑選了一些無法完全歸在某一個類別，或是超過其他幾章探討議題的額外內容。本章的每一課，都是前面課堂想法的延伸，或是我們打算進一步深入探討的主題。在你逐步吸收本書最後一章的過程中，請思考你打算設計的課程，以及你想如何讓學生主動學習、積極參與和自省。我們堅信，一個教育家在課程中投入的巨大熱情，絕對有潛力能讓課程變得好上加好！

第一課

意見回饋是你的好朋友

課程時間：20 至 30 分鐘。

給老師的話

《奧斯汀的蝴蝶》（Austin's Butterfly）是一部適合用來證明同儕的意見回饋很有用的絕佳影片。影片講述一個名叫奧斯汀的一年級生，他想仿照一張蝴蝶圖片畫圖，而透過同儕給予的建議，他一次又一次調整草稿，最後將一幅原本看起來平淡無奇的蝴蝶畫作，修改成極其精準的仿真之作。

我們也會藉由這一課的藝術活動，介紹名為「向上提升」（RAISE）的意見回饋架構。請鼓勵你的學生像奧斯汀一樣，根據收到的意見回饋，試著多畫幾次草稿。你可以詢問學生，其他同學給予的意見回饋如何幫助自己把作品畫得更好。同學的意見回饋是很重要的，因為這不但能讓學生更清楚了解自己的作品，也讓他們有機會檢視別人的作品。意見回饋是個人成長的一大利器。

學習目標

上完這一課後，學生將能運用「向上提升」的方法給予同學意見回饋。

資源與教材

1. 電腦與投影機。
2. 預先挑選好的歌曲。
3. 白紙。
4. 畫具（蠟筆、無毒麥克筆等）。
5.「向上提升」意見回饋法。

教學方法

老師做 播放《奧斯汀的蝴蝶》（Austin's Butterfly），YouTube 上「EL Education」頻道的影片。

跟學生說 今天，我們要學習一種給予別人意見回饋的方法，名字叫做「向上提升」。你們知道「向上提升」的意思是什麼？（學生可能會回答：「把它往上提」、「讓事情變得更好」之類的答案。）就像奧斯汀因為收到大家的意見回饋，促使他能夠畫得更好。當我們透過別人給予的意見回饋，我們可以協助彼此把事情做得更好。

沒錯，今天我們就是要學習「向上提升」這種意見回饋的方式，把自己作品的水準往上提升，讓它變得更好。雖然我們通常靠自己就創作出傑出的作品，但汲取別人的意見回饋，能夠讓我們的作品變得好上加好。

老師問 為什麼別人的回饋，可以讓事情變得不一樣？（學生可能會回答：「人家可能會知道你所不知道的事」、「人家可能會看到你遺漏掉的東西」之類的答案。）

跟學生說 現在，我要邀請大家一起來參與一個藝術活動。我們來把一首歌畫出來！我知道你們在想什麼：「什麼！要怎麼把一首歌畫出來呢？」等一下，我們會先一起聽一首歌，然後再聽第二次。如果需要的話，我還會再多播幾次。在我們聽歌的時候，試試看畫一幅圖來代表這首歌。大家可以想一想，這首歌讓你想起什麼，或是這首歌在你心裡形成什麼樣的畫面，不管你想到了什麼，都可以畫到紙上。

老師做 選擇任何一首適合這堂課的歌曲。你可以參考的歌單包括：

1. 菲瑞·威廉斯（Pharrell Williams）演唱的〈快樂〉（Happy）。
2. C.J. 盧奇（C.J. Luckey）演唱的〈還沒的威力〉（Power of Yet）。
3. 蘭迪·紐曼（Randy Newman）演唱的〈我是你的好朋友〉（You've Got a Friend in Me）。

4. 瑞秋・普蕾頓（Rachel Platten）演唱的〈戰鬥之歌〉（Fight Song）。
5. 由火星人布魯諾（Bruno Mars）演唱的〈相信我〉（Count on Me）。
6. 來自《樂高玩電影》（the LEGO Movie）原聲帶的〈一切都很棒〉（Everything Is Awesome）。
7. 凱特・佩芮（Katy Perry）演唱的〈煙火〉（Firework）。
8. 由麥莉・希拉（Miley Cyrus）演唱的〈攀登〉（The Climb）。
9. 凱莉・克萊森（Kelly Clarkson）演唱的〈堅定不移〉（Stronger）。
10. 凱莉・安德伍（Carrie Underwood）演唱的〈冠軍〉（Champion）。

給學生 10 到 15 分鐘完成自己的作品。由於所有學生都是聽同樣的歌，因此可以讓他們對於彼此的畫作給予意見回饋。請學生學習用「向上提升」的方式給予畫作意見回饋，包括以下幾個策略：

1. 評估作品（**R**eview the Work）。
2. 詢問問題（**A**sk Questions）。
3. 建議可改善之處（**I**dentify Improvements）。
4. 用詞和緩（**S**peak Kindly）。
5. 修改作品（**E**dit the Work）。

將學生分成兩兩一組，把「向上提升意見回饋法」學習單發給他們。照著流程的每一個步驟，依序給予彼此意見回饋，並且要把別人的建議記錄下來。接著，再給予學生 5 到 10 分鐘的時間，再次修改自己的作品。

完成作品修改後，讓學生再找不同的同學分享彼此作品，重複剛才相同的流程。這個活動可以規劃成為期幾天的時間來進行，讓學生透過不斷吸取他人的意見回饋，反覆修改自己的作品。最後，再將學生的作品公開展示出來，並在每一張畫作上，附上歌曲的 QR 碼連結。

檢驗理解程度

在學生們彼此給予意見的時候，老師就在教室裡走動，確保他們理解「向上提升」流程。當學生根據意見回饋修改自己的畫作時，注意一下他們如何把別人的建議列入修改考量。

補充與延伸想法

把「向上提升」流程應用在其他課堂裡或是其他作品上，像是小論文或專案研究的撰寫等等。

「向上提升」意見回饋法

讓我們藉由他人真誠的意見回饋，不斷提升自己的作品！

評估作品。
以評判的角度查看作品。問問你自己：這個作品試圖展現什麼？我看懂了嗎？這樣畫是不是有特殊的涵義？

詢問問題。
詢問問題，以釐清任何你不清楚的事。例如：為什麼你會選擇這樣畫？這裡是什麼意思？我想知道你這個……

建議可改善之處。
具體提出能夠讓作品變得更好的具體觀點。不要太虛無縹緲！對於應該怎麼做才能提升作品，要清楚講出建議採取的行動。

用詞和緩。
用像跟朋友說話的口氣給建議。可以評鑑別人的作品，提供你的意見回饋，是你莫大的榮幸。對方相信你可以幫助他。記得，建議的用詞要盡量和緩。

修改作品。
給人家一些時間，讓他可以根據你給的建議提升作品。等對方完成修改後，再將整個流程做一遍，你可能會發現一些新東西！

第二課

我的習慣迴路

課程時間：20 至 30 分鐘。

給老師的話

查爾斯·杜希格（Charles Duhigg）在《為什麼我們這樣生活，那樣工作？》（*The Power of Habit: Why We Do What We do in Life and Business*）書中提到所謂的「習慣迴路」（habit loop）。我們的大腦喜歡慣性行為！一旦我們建立起習慣——無論是好習慣還是壞習慣——習慣迴路就會自動運作，而且很難戒除。

在習慣迴路裡，我們會先碰到一個提示或觸發點。這時，你的大腦會進入自動模式，幫忙完成習慣的慣性行為。當慣性行為完成後，就會出現獎酬，幫助大腦記住為什麼這個習慣那麼珍貴。以下是一個常見的習慣迴路例子：

提示：鬧鐘響了。

慣性行為：按下貪睡鍵。

獎酬：可以再多睡 8 分鐘。

杜希格寫道：「提示、慣性行為、獎酬所構成的三段式習慣迴路，會隨著時間過去而變得愈來愈自動發生；提示與獎酬也變得牢不可分，直到你產生強烈的期待與渴望。最後，習慣就建立了。」

在這堂課當中，我們要教學生如何辨識出習慣迴路，並試著建立有益的新習慣迴路。

學習目標

上完這一課後，學生將能定義習慣迴路的意義，辨識出習慣迴路，以及建立由「提示、慣性行為、獎酬」所構成的新習慣迴路。

資源與教材

1. 習慣迴路示意圖。
2. 發給學生填寫的「我的習慣迴路」學習單。

教學方法

跟學生說▶ 今天，我們要討論的是習慣迴路。首先，請大家想一想，習慣是什麼？（把學生們的答案記錄起來）習慣是一種經常性的做法，或是一時很難改變的慣性行為。

我舉一個親身例子給大家聽。每天早晨，當我起床後，都會喝一杯咖啡。這是我的一個習慣（你也可以再多講一個幫助學生易於理解習慣的例子）。大家也可以舉一個自己的習慣當例子嗎？

有些習慣很好，有些習慣則可能對我們的健康不太好。例如，每天下午我喜歡吃一些甜的東西，所以我會習慣吃一顆糖果。這是個好習慣嗎？（學生可能會回答：「不是」或「是」。）為什麼不是？

沒錯，每天吃糖不是個好習慣。但正如我剛剛說的，習慣可能一時之間很難戒除，除非你開始了解習慣迴路的科學。每一個習慣都會伴隨著一個快樂迴路，看起來像這張圖：

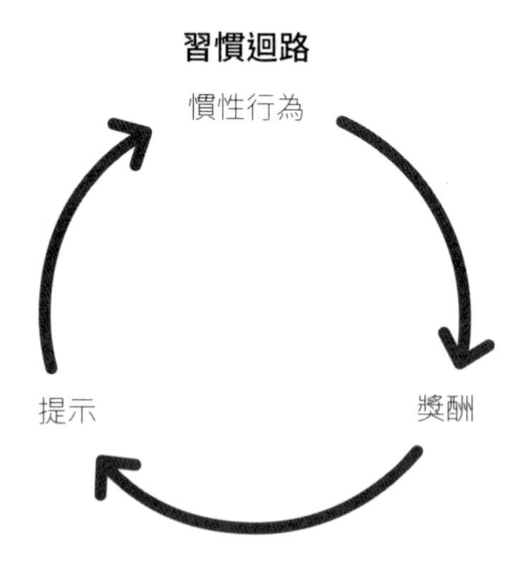

「提示」就是會導致你的大腦啟動習慣的觸發點，例如起床觸發了我喝咖啡的習慣，因為剛起床的我覺得還是很累。「慣性行為」就是被觸發的行為，例如喝咖啡就是我的慣性行為。「獎酬」是大腦在你完成慣性行為後，所得到的正面感受。以飲用含有咖啡因（一種能讓你覺得更清醒的化學物質）的咖啡來說，獎酬就是讓你變得更有精神。

所以，請把這個習慣迴圈記起來：

- **第一步：**提示（觸發你的大腦進入習慣迴路的事）。
- **第二步：**慣性行為（我們想要做或實現的事）。
- **第三步：**獎酬（要盡量集中在健康的獎酬上）。

今天，我們要來看看兩個習慣迴圈。一個是我們這個班可以一起建立的習慣，另一個是你可以在家做的習慣。（你可以再加入想要在教室裡執行的任何習慣迴路，以下是我們提供的一個例子。）

我注意到一件事，我們的教室在一天結束時都很髒亂，所以我希望建立一個新習慣迴路，那就是在一天的課程結束時，我們一起來打掃教室。那麼，在一天結束時，我們該如何提示或是觸發打掃的慣性行為呢？（你可以參考的回答為：搖鈴、播放歌曲、閃燈等等。請選一種最適用於全班的提示。）

接著，我們來想想，提示出現之後的慣性行為看起來會是什麼樣子？（學生可能會回答：「擦桌子」、「撿起地板上的紙屑」、「把工作區弄乾淨」之類的答案。你可以在黑板或白板上開清單，把慣性行為的項目羅列出來，大約兩至三項就好，不要把慣性行為列得太多，那會讓人感到超過負荷。）

再繼續想想，當我們完成慣性行為後，可以獲得哪些健康的獎酬？（學生可能會回答：「領到一張貼紙」、「玩一個遊戲」、「彼此擊掌」等等。挑一種對你班上最管用的獎酬。你可以用圖像方式標示出新的習慣迴路，並公布在教室裡顯眼的地方。請確保每一天都要做這項習慣！）

好，現在我們已經為班級建立習慣迴路了。我希望大家想出一種自己可以在家執行的習慣迴路。也可以是藉由改變慣性行為，來達成改變習慣迴路的目的。

舉個例子來說。每當一回家，我就坐在沙發上（提示），然後就看電視（慣性行為），於是我覺得很放鬆（獎酬）。那麼，我們要怎麼改變這個習慣呢？或許可以選擇不要藉由看電視放鬆自己，而是改為看書或寫日記（改變慣性行為）。

現在，請你試著為自己建立一個全新的習慣迴路吧！

老師做把「我的習慣迴路」學習單發下去，要學生建立一個可以在家嘗試的新習慣迴路。

檢驗理解程度

檢視學生的習慣迴路，了解他們的理解程度。一星期內再回頭確認，看看學生建立新習慣迴路的進展如何。

補充與延伸想法

1. 老師自行閱讀《為什麼我們這樣生活，那樣工作？》（*The Power of Habit*），查爾斯・杜希格（Charles Duhigg）著。
2. 欣賞《如何改掉壞習慣與建立新習慣》（How to Change Bad Habits and Create New Ones），YouTube 上 Smart by Design 頻道的影片。

我的習慣迴路

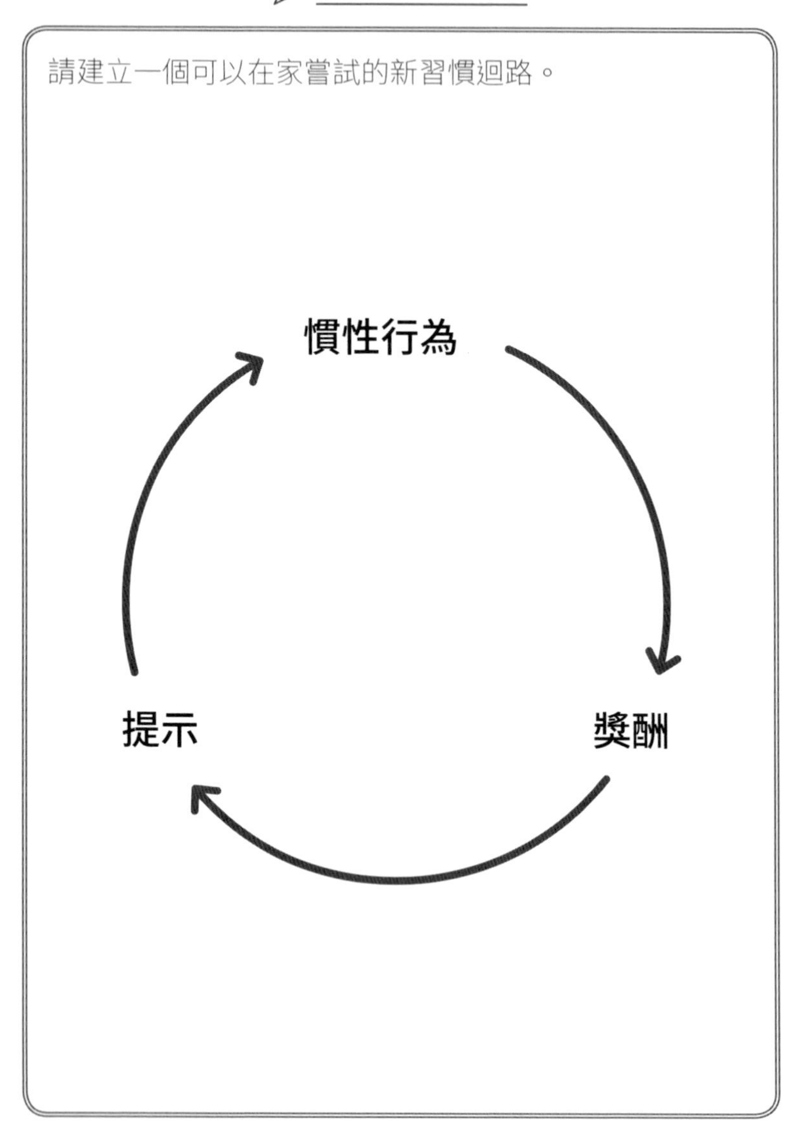

第三課

你的策略是什麼

課程時間：30 至 45 分鐘。

給老師的話

「小孩子就是不懂怎麼解決問題。」這是我們一再從許多老師口中聽見的口頭禪。同樣的，我們也常看到有些大人在孩子設法解決問題之前，還沒有給他足夠的時間，就急著跑來幫忙解決問題。事實上，孩子解決問題的能力需要花時間練習！

在這一課的課堂活動中，學生將有機會一起學習解決問題。請老師一定要壓抑住自己跳進去幫忙的衝動，也要避免直接將自己的意見強加給他們。這個活動的性質和學業成績的關聯不大，重點在於透過學生之間相互合作與討論，共同集思廣益，想出屬於自己團隊的答案來，而最有趣的地方在於，每個團隊的答案應該都會不一樣。

請老師一定要努力忍住不要介入活動，只能在一旁促進學生們的討論，或是評論他們提出來的解決方案，僅止於此。在活動結束後的討論階段，要特別關注他們的想法是如何形成的，各團隊是如何鎖定解決問題的優先順位，以及如何化解彼此對於解決問題的意見分歧上。

解決問題的技能終生受用，可惜的是，很多學生都沒有機會好好發展這項技能。這堂課的目的就是要善用這個令他們難忘的活動，提供學生建立解決問題技能的機會。

學習目標

上完這一課後，學生將能描述自己如何運用解決問題的技能，發掘出解決問題的方案。

資源與教材

1. 電腦與投影機。
2. 《卡在電扶梯上——採取行動》（Stuck On An Escalator—Take Action），YouTube 上「促使成功」（MotivatingSuccess）頻道的影片。

3. 發給學生填寫的「哦不！船正在下沉」學習單。
4. 發給學生填寫的「問題解決單」。

教學方法

老師做 把《卡在電扶梯上》的廣告播給學生們看。影片結束時，他們應該會笑個不停，並對裡面正要踏上電扶梯的人物大吼。

老師問 影片裡的人物如果不宜踏上電扶梯，那麼應該要怎麼做才對？

跟學生說 今天，我們要來談談策略。許多人在解決問題時，經常在嘗試第一種解決方法卻行不通時，就會卡住，接著立刻去尋求別人的幫助，而不願意努力嘗試自己解決問題。對學習者來說，能夠嘗試多種不同的解決方式，以及從不同的角度看待事情，是一項非常重要的技能。

接下來，我們要來玩「沉船中」的遊戲（把「哦不！船正在下沉」學習單發下去）。這個遊戲是這樣的：

哦不！你的船正在下沉！好消息是，旁邊有一個無人島，是游泳就能抵達的距離。在船完全沉沒之前，你可以帶三樣東西到島上使用。這個島完全沒有人居住，而且位於大海的正中央，附近什麼也沒有。請大家看看這份物品清單，挑選三樣你想要帶到島上的東西，並寫下你預計怎麼使用這些東西，幫助自己在島上存活下來。

老師做 在學生選好三樣東西，也寫好預計要怎麼用這些東西後，把他們分成三人一組。請學生輪流分享自己選了什麼，以及選擇的原因。接下來，請每一組把組員選出的九樣東西，再縮小到只有三樣（記得要留時間給他們辯論與討論）。最後，請每組學生向全班簡報該組所挑選的三樣東西，並說明選擇的原因。

活動結束後，詢問學生以下問題：

1. 小組成員在討論要帶什麼東西時，是否具有共識？
2. 在決定要帶什麼東西時，你的優先考量是什麼？
3. 如果你覺得很重要的東西沒有被選到，你會有什麼樣的感受？
4. 在全隊討論要選什麼東西的過程中，你對於每件東西的用途都很清楚嗎？

大家所挑選的每一樣東西，都能幫助你們在島上實現一種生存方式。接下來，我們要來想想，有什麼方法可以幫助你們解決現實世界中的問題。

來！先想一個你現在正面臨的問題，然後再想出三個你可能會用來解決問題的不同方式。舉例來說，我最愛用紫色原子筆來批改考卷分數，可是我常常會弄丟它。那麼，我可能用來解決這個問題的方法如下：

1. 多買幾枝紫色原子筆，就永遠不怕沒得用。
2. 用一條線，把紫色原子筆綁在我的桌子上。
3. 問問自己，真的非得用紫色原子筆改考卷不可嗎？還是當手邊沒有紫色原子筆時，用別的顏色也沒關係？

好，現在輪到你們試著解決自己的問題了！

老師做 把「問題解決單」發給每個學生。等他們都寫好後，查看他們提出的方法，並給予意見回饋。

跟學生說 成為一個能解決問題的人，是擁有成長性思維很重要的能力之一。一旦碰到難以解決的問題，具有成長性思維的人會知道，一定另有其他方法可以解決問題，而且他們也會在找尋解決方案時，以有創意的方式進行多元思考。

檢驗理解程度

檢視學生的問題解決單，給予意見回饋。看看他們是怎麼展現出自己是一個有能力解決問題的人。

補充與延伸想法

1. 閱讀繪本《如果你有一個問題？》（*What Do You Do with a Problem?*），科比・亞瑪達（Kobi Yamada）著。
2. 閱讀繪本《有一點卡住》（*A Little Stuck*），奧立佛・傑法（Oliver Jeffers）著。
3. 欣賞《如何教孩子更善於解決問題》（How to Teach Kids Better Problem Solving），麥可・阿諾（Michael Arnold）的 TEDx Talk 影片。

哦不！船正在下沉

請從下列清單中，圈選出三種在你跳船時想要帶到附近荒廢小島上的東西。選好你的三樣東西後，在下方填寫圈選的原因。要選快一點哦！因為，船就要沉沒了！

- 閃光彈
- 火柴
- 繩子
- 一條麵包
- 吊床
- 防蟲噴霧劑
- 手電筒
- 釣魚竿
- 斧頭
- 防曬霜
- 生存指南
- 一包多力多滋
- 枕頭
- 毯子
- 充氣筏
- 一包米
- 帳篷
- 相機
- 收音機
- 急救箱
- 淨水器
- 睡袋
- 登山靴
- 肥皂
- 漁網
- 一盒能量棒
- 最愛的一本書

我選了 ....

因為 ....

我選了 ....

因為 ....

我選了 ....

因為 ....

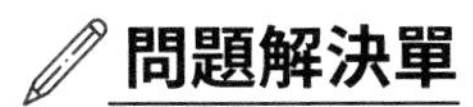

問題解決單

寫出一個你正面臨的問題。

想出三種可能解決這個問題的方案。寫好之後，圈選你的最佳解決方案，然後就去做吧！

第四課

了不起的錯誤

課程時間：20 至 30 分鐘。

給老師的話

把錯誤常態化，是任何一個實施成長性思維導向的課堂都必須建立的共識。在這堂有趣的課程中，學生會挑選一樣因錯誤而意外發明出來的產品，並且向全班介紹它的故事。這個練習的目的在協助學生了解到，錯誤並非全然是不好的，有些錯誤甚至可能造就偉大的發現。

讓學生介紹因錯誤而意外問世的產品後，提醒他們日後每當碰到錯誤時，也要將錯誤視為帶來學習與思考的機會。當老師自己在課堂上犯錯時，也要示範出泰然處之、虛心接納的態度。一旦學生學習到犯錯具有的珍貴價值，當他們犯錯時，就比較不會因為出於擔心而試圖掩蓋錯誤，而能將焦點放在正確的地方，幫助他們從錯誤中獲得學習。

學習目標

上完這一課之後，學生將能夠了解，錯誤如何能轉變為成長的機會。

資源與教材

1.「意外的發明」學習單。
2. 電腦或其他能上網的設備。

教學方法

跟學生說 今天，我們要討論的是「了不起的錯誤」。你們可能會覺得，這句話聽起來很矛盾——錯誤怎麼可能會是了不起的？但綜觀歷史，很多錯誤都造就出新的發現與想法。關鍵在於，擁抱你的錯誤與失敗，把它們轉化為學習的機會。等等我會分享兩個你們可能已經很熟悉、有關「錯誤」的故事給你們聽。那就是培樂多黏土和洋芋片。

一九一二年，庫托爾製品公司（Kutol Products Company）開始生產一種用於為壁紙清除煤煙的清潔劑。當時，由於家家戶戶都是以會產生煤煙的煤爐取暖，因此人們對於這種產品的需求量很大。然而，到了一九五〇年左右，大多建築物與住家都已經是以瓦斯與電力取暖，而這兩者都不會產生煤煙。面對這樣的現實狀況，庫托爾製品公司的創辦人也只能奮力苦撐。

某天，創辦人的嫂嫂發現了這種摸起來軟軟的、又無毒性的清潔用混合物。她是一名老師，於是就把這種混合物拿給學生玩，讓他們自由創造出不同形狀的作品，結果學生們都玩得很開心。嫂嫂於是建議：要不要乾脆把這種原本用於清理牆面用的軟性混合物，製作成給小朋友玩的兒童玩具？於是，培樂多黏土這個如今家喻戶曉的新品牌，就這樣誕生了。

培樂多並非唯一一個因意外而發明出來，而且大獲眾人好評的例子。另一個我們生活中常見的物品——便利貼，是由一個科學家在做強力接著劑的實驗時，因為不慎犯錯，意外做出一種只有一點點黏性的接著劑，因而發明出我們今天時常運用的便利貼。

還有一個令你意想不到的例子，那就是我們最愛的巧克力碎片餅乾！據說當時烘焙師製作巧克力餅乾時，發現烘焙用的巧克力用完了，所以就隨手切一些碎的巧克力丟到麵糊裡面，以為這樣做，可以讓巧克力融在麵糊裡。沒想到，巧克力沒有融化，卻意外發明出上面撒有碎巧克力的巧克力餅乾。

至於洋芋片的誕生更是有趣，是因為一個顧客向廚師抱怨他做的薯條太厚了。廚師一氣之下，故意把馬鈴薯切成極薄的片狀再拿去炸，沒想到，這一炸就炸出了又香又具口感的洋芋片了。

現在，我要請大家再多找一些因為意外而發明出來的產品。你們可以上網搜尋，看看哪些東西是因為「錯誤」，而從令人不敢恭維的東西，變成今日大家都說讚的東西（**學生必須**

要具備能夠連上 Google 或其他搜尋引擎的電腦設備。如果他們看不出各種產品有什麼「錯誤」可言，請老師協助他們縮小搜尋關鍵字的範圍，看看可以獲得什麼新發現。）

老師問

1. 如果這些發明家試著忽略錯誤或掩蓋錯誤，那麼可能會發生什麼事？
2. 我們可以從自己犯的錯誤中學到什麼？
3. 如何能把錯誤變成一件好事？
4. 你覺得某些錯誤會比其他錯誤來得好嗎？舉個例子說明。

檢驗理解程度

要學生上台分享自己對於「了不起的錯誤」有什麼發現。可以採用小組合作的方式進行報告，也可以是由個人上台報告。觀察他們對於「錯誤有時可以促成了不起的發現與想法」此概念的理解程度。

補充與延伸想法

1. 閱讀繪本《美麗的錯誤！》（*Beautiful Oops!*），巴尼·索茲伯（Barney Saltzberg）著。
2. 請學生們寫下自己過去犯錯，但後來因禍得福的經驗。
3. 欣賞《慶祝失敗的意外收穫》（The Unexpected Benefit of Celebrating Failure），阿斯特羅·泰勒（Astro Teller）的 TED Talk 影片。

意外的發明

以下這些產品都是在意外之下誕生的產物。請你挑選其中一個產品，並自行搜尋更多相關資料。在下方的框框裡，寫出這個產品是如何被意外發明出來。

- 盤尼西林
- 塑膠
- 不鏽鋼
- 心律調節器
- 鐵氟龍
- 微波爐
- 妙妙圈
- 巧克力碎片餅乾
- 冰棒
- 自動販賣機
- 可口可樂
- 傻瓜黏土
- 冰淇淋甜筒
- 便利貼
- 糖精
- 思高潔防水噴霧
- 玉米片
- X 光影像
- 炸藥
- 火柴
- 安全玻璃
- 強力瞬間膠
- 魔鬼氈
- 電木
- 硫化橡膠

我想研究的發明是：..

....

第五課

障礙就是道路

課程時間：20 至 30 分鐘。

給老師的話

挫折、阻礙以及失敗，是一個人所能得到最強大的學習經驗。你的學生是否具備善用逆境的能力呢？我們愈是了解問題，愈能預期哪裡可能存在潛在的阻礙，就能做好因應挫折、阻礙以及失敗的準備。這一課我們要談的就是預期失敗的到來，探索自己最脆弱的環節在哪裡？如何能夠把負面情勢轉為正面情勢？如何能為因應挫敗做好準備？

成長性思維不會要你盲目的保持積極與樂觀，覺得自己一定能夠不斷學習與成長，而是要幫助大家了解到，只要能夠善用失敗與挫折，它就能成為推動我們前進的強大助力。

學習目標

上完這一課後，學生將能用於因應挫敗的「如果 A，那就 B」計畫。

資源與教材

1. 呼拉圈。
2. 白紙。
3. 一些鉛筆或原子筆。
4. 目標學習單。

教學方法

老師做 讓全體學生手拉手，圍成一個圓圈。接著選擇其中兩名學生為起點，請他們暫時把手放開，把呼拉圈掛在一個人的手臂上，接著重新把手拉好。這個遊戲的規則很簡單，就是在大家的手不能放開的前提下，從起點開始，設法將呼拉圈用最快速度一直往下傳，最終再回到起點。老師把呼拉圈傳一圈所耗費的時間記錄下來。等呼拉圈回到起點後，請學生把手放開，並回答下列問題。

老師問 （遊戲結束後，請問大家）

1. 這個遊戲最難的地方在哪裡？
2. 你跟旁邊的同學剛才是用什麼方法，讓呼拉圈順利傳下去？

3. 有發現哪些同學傳得特別快嗎？他們是用什麼樣的策略？你有試著模仿這種策略看看嗎？

現在，我們來看看你們能不能打破自己第一次的紀錄。

老師做 重新放置呼拉圈，再玩一次遊戲。觀察學生們完成的速度有沒有比上次更快。結束遊戲後，要學生回答你提的這些問題：

1. 你們覺得為什麼第二次傳呼拉圈能比第一次快？
2. 比起上一次，對於如何把呼拉圈傳遞下去，你們在腦中是不是已經有了一些計畫？
3. 預擬計畫能帶給你什麼幫助？

跟學生說 當面對可能很困難的事，或是我們第一次沒有做得很好的時候，許多人常會想要放棄。這是我們的定型化思維在作祟。但只要我們願意運用成長性思維，願意堅持下去，並且運用一些策略，像是改用另一種方法，或是從做得好的人那裡學習，我們就能改善原本的成果。當我們願意花心力因應挑戰，我們就會變得愈厲害。願意和阻礙奮戰，願意面對挑戰，可以讓我們在一件事情上更為進步。

接下來，我們要為克服自己所碰到的特定阻礙擬定計畫。首先，把你的目標寫下來，再來想想，在通往目標的路途上，可能會有哪些東西會阻擋我們。最後，擬定一份有效因應這些阻礙的計畫（發下要給學生填寫的「目標學習單」）。

檢驗理解程度

檢視學生的「如果 A，那就 B」計畫，以評估他們對於預見阻礙與因應計畫的理解程度如何。

補充與延伸想法

1. 對於較年長的學生，可以提供一些雜誌與報紙給他們，要他們從中找到克服障礙、實現目標的實例。
2. 試著把呼拉圈遊戲修改為其他的版本。比如說，閉上眼睛玩，或是由學生們決定希望達成的時間限制，再努力達成目標。
3. 老師自行閱讀《教出樂觀的孩子》（*The Optimistic Child*），馬丁·塞利格曼（Martin E.P. Seligman）著。
4. 老師自行閱讀《恆毅力：人生成功的究極能力》（*Grit*），安琪拉·達克沃斯（Angela Duckworth）著。

目標學習單

我的目標：

可能會擋住去路的阻礙有：

如果：

那就：

如果：

那就：

如果：

那就：

如果：

那就：

第六課

反思連結：博頓的反思模式

課程時間：20 至 30 分鐘。

給老師的話

自我反思是學習歷程中很重要的關鍵能力。當我們學習一項新技能時，如果可以反思自己的學習策略與行為，將會有助於學生建立各種能讓自己學得更好的策略。除了反思能力，如果還能再加上分析能力，那就更有價值了。因為這已經超出「**是什麼**」的層次，進入「**為什麼**」的層次。從反思發生了什麼事，再仔細分析原因，這是一項極有價值的技能，我們應該要在課堂中幫助學生培養這種能力。

自我反思還能幫助學生從了解學習的表層價值，進入思索與萃取學習的深層意義。身為老師的我們，同時必須協助學生，觀察自己在不同學習階段當中反覆出現的型態，而不是只把每一次的作業、考試或是報告看成是獨立的事件。所有的課堂活動組成了學生的整體學習樣貌。只要我們能具備正確的反思與分析能力，就能夠幫助學生開始理解自己的學習全貌，包括：認識自己是什麼樣的學習者，以及探索對自己最管用的學習策略與習慣。

學習目標

上完這一課後，學生將能運用博頓（Borton）的分析架構（也就是「我看到或聽到了什麼？」（What）、「我的省思是什麼？」（So what），以及「我學到了什麼？」（Now what），來反思自己身處的狀況。

資源與教材

本堂課不需要額外的資源與教材。

教學方法

跟學生說 大家知道嗎？只要問自己三個問題，就能深入探索我們在課堂上與生活中的體驗，並從中學習到更多東西。這三個問題很簡單，分別是：

1. **我看到或聽到了什麼？**指的是你的體驗。例如：剛才發生什麼事？我做了什麼？那是什麼樣的狀況？
2. **我的省思是什麼？**指的是我們對於自己的體驗所做的

分析。當我們問這個問題時，是在試圖找出剛才發生的事所代表的意義。你可能會問：剛才的狀況帶給我什麼樣的感受？這樣的體驗帶來什麼樣的結果？這個體驗的目的是什麼？

3. **我學到了什麼？**這個問題可以幫助你了解，下次當你遇到同樣的狀況時，可以如何處理與因應。你可能會問：「我可以從這個狀況中，學到什麼對我有幫助的事？」或是，「下次當我再碰到類似狀況時，我該怎麼做？」

運用上面這三個簡單的問題，我們可以反思自己身處的狀況，發展出一套下次可以用來因應狀況的計畫。而且，不管是課堂中的學習狀況，還是和家人或朋友相處時碰到的社交狀況，都可以運用這套模式進行反思。

現在，我們就來練習運用這套模式吧。藉由角色扮演以及自我探問，來反思今天我們在課堂上的狀況吧！

角色扮演 1：考試

德瑞克：你考試考得怎麼樣？

卡莉法：不是很好。

德瑞克：發生什麼事？

卡莉法：唔，我不是很懂怎麼做分數的加法，所以考題中出現那些問題時，我就不知道該怎麼寫。

德瑞克：哦，天啊！希望下次妳可以考好一點。

角色扮演 2：吵架

潔米：嘿！我可以和你們打球嗎？

亞歷山卓：抱歉，老兄。兩隊人數都已經滿了。

潔米：你騙人！你就是不想讓我玩。算了，反正我也不想和你們這種輸家玩！

老師做◇請學生兩人為一組，按部就班的依照下列三個問題進行討論：「我看到或聽到了什麼？」、「我的省思是什麼？」、「我學到了什麼？」。最後，請小組和大家分享，怎麼樣可以把上面兩個狀況處理得更圓滿。

檢驗理解程度

聽聽學生能否針對每一種狀況，陳述出「我看到或聽到了什麼？」、「我的省思是什麼？」、「我學到了什麼？」。

補充與延伸想法

1. 製作反思的離場券，以延伸課堂中的課程內容。問題如下：

   - 我今天學到了什麼？
   - 什麼事情幫助了我學習？
   - 我最喜歡什麼內容？
   - 我有什麼疑問？

2. 欣賞《何謂批判反省？3W 模式之介紹》（What Is a Critical Reflection? Introducing the “What, So What, Now What” Model），YouTube 上加拿大貴湖大學圖書館（U of G Library）頻道的影片。

3. 閱讀繪本《珍妮小霸王》（*The Recess Queen*），艾莉克斯·歐尼爾（Alexis O'Neill）著。

第七課

我相信自己

課程時間：20 至 30 分鐘。

給老師的話

養成正面的自我對話，是課堂上培養成長性思維的關鍵。定型化思維常是我們腦中負面聲音背後的罪魁禍首，正是這個負面聲音不斷告訴我們：「你不夠好」、「你做不到」，或是「你根本不該浪費時間嘗試」等等。

在這堂課的練習中，學生們將會以好玩又務實的方式，一舉「丟棄」他們的負面自我對話，擁抱自己的長處與正面特質。練習的焦點在於「自我效能」（self-efficacy）上，也就是一個人相信自己的能力可以完成任務的信念。把學生們的正面特質連結到他們的自我效能上。讓他們知道，每個人都擁有可以完成工作的工具；只是大家手裡的工具可能不盡相同。

學習目標

上完這一課後，學生將能了解並說出自我效能的意義。

資源與教材

1. 亨利．福特（Henry Ford）的金句（見 286 頁）。
2. 黃色便利貼。
3. 記事卡。
4. 一些鉛筆或原子筆。

教學方法

老師做 把亨利．福特的金句貼出來。

跟學生說 今天，我們要學一個新的詞彙：自我效能。大家可以跟著我唸一遍嗎？——自我效能。自我效能是一個人相信自己的能力能夠完成任務、實現目標，或是克服挑戰的一種信念。現在，我把有關自我效能的金句貼出來：「無論你覺得自己能夠還是不能夠做到某件事，你都是對的。」這句話是由一個名叫亨利．福特的外國人所說的。

大家覺得，在自我效能的前提下，這話是什麼意思？（學生可能會回答：「如果你覺得自己做不到，你就不會去做；如果你覺得自己做得到，你就做得到」之類的答案。）

沒有錯！我們對自己人生所抱持的信心，將能夠影響我們所作所為的結果。只要我們能夠抱持著正向的心態看待自己的技能、能力與潛力，這樣的信念可以幫助我們在追求目標的路上勇往直前。相反的，假如我們抱持著負面的心態看待自己的技能、能力與潛力，這樣的信念會讓我們鬱鬱寡歡。

現在，我要發給你們每個人一組便利貼以及記事卡。誰可以告訴我，便利貼和記事卡之間有什麼差異？（學生可能會回答：「便利貼有黏性，記事卡沒有；便利貼很輕，記事卡很重」之類的答案。）

便利貼可以用來代表我們的正面信念。我們都希望自己的正面信念很黏——在我們因應挑戰的時候，可以緊黏在我們身上。記事卡則可以用來代表我們身上的負面信念——我們不想要這些信念黏著我們，因為它們很沉重，會在我們努力達成目標時不斷拖垮我們。

現在，我要請大家把關於自己的正面信念寫在黃色便利貼上。例如，我相信自己是一個很出色的聆聽者。我就把「出色的聆聽者」這句話寫在一張黃色的便利貼上。我會給你們 5 分鐘的時間，請你盡可能多寫一些關於自己的正面信念，一張便利貼上寫一件事。

老師做　時間到了之後，要學生分享自己寫的一張或兩張正面信念。

跟學生說　接下來，我們要把自己的負面信念寫在記事卡上。給學生 5 分鐘寫下那些信念。

老師做　時間到了之後，可以請幾個學生分享關於自己的負面信念。（如果有人會覺得不自在的話，請不用硬要學生分享。）

跟學生說 現在，我們要來象徵性的把正面信念黏住，並把負面信念丟掉。大家準備好了嗎？首先，把所有寫上關於你自己的負面信念的記事卡拿出來，請將一張一張揉成球狀。 好了，現在誰要先來丟掉這些負面信念？

老師做 在教室前方放一個垃圾桶，要學生排成一列。然後數到三，要他們把自己揉成一團的記事卡丟到垃圾桶裡。這是一個很有趣又有活力的活動——請學生們排隊時要肩並肩排，丟的時候，記事紙團才不會丟到人家。你可以同時說這樣的話來鼓勵他們：「丟掉那些負面信念！把不好的想法丟光光！你們不需要那些負面的東西來拖垮自己。」等所有負面信念都躺在垃圾桶裡面之後，把垃圾袋拿起來綁住，丟出教室門外。

跟學生說 大家已經把自己的負面信念全都丟掉了，我也已經把它們丟到教室外面了。我們不希望負面信念把我們卡在這裡。以後，每當大家發現自己冒出負面信念的時候，就把它寫下來，丟進這個袋子裡，再丟出教室外。同樣的，如果我聽到你們講到關於自己的負面信念，我可能會請你們寫下來，再丟掉它。

接下來，我們要轉移焦點，一起來看看自己身上的正面信念。（**指向預先準備好的紙張或是布告欄**）等一下，我要請大家把剛剛寫好的正面信念便利貼黏到這個地方。我們都希望正面信念能夠黏黏的，就像便利貼一樣，可以黏著我們，幫助我們度過每一天。現在，請大家把關於自己的正面信念便利貼黏到紙上吧。

（老師做◎）等學生都黏好後，問他們以下問題，為整個活動做簡單的總結：

1. 對你來說，寫出負面想法還是正面想法比較容易？為什麼？
2. 描述一下當自己寫下正面想法或負面想法時的感受。為什麼你會這麼認為？
3. 如果讓你為自己平時對自己說正面想法的頻率打分數，一到五分，你會為自己打幾分？
4. 如果讓你為自己平時對自己說負面想法的頻率打分數，一到五分，你會為自己打幾分？
5. 你可以如何運用這些正面想法？

檢驗理解程度

要學生每天一進教室，就練習在便利貼上寫下對自己的正面訊息或是正面信念。把便利貼保存在一個學生每天都可以經常瀏覽的地點，例如：行事曆上、電腦螢幕保護貼上、書桌上、筆電上，或是如果學生擁有自己的電子產品，也可以請他們製作電腦桌面便條紙或是螢幕訊息。

補充與延伸想法

1. 對於年幼的學生，你可以把亨利．福特的金句換成蘇斯博士的金句：「你的頭裡面有腦子，鞋子裡有腳，它們可以帶領你走向任何你選擇的方向。」——節自蘇斯博士（Dr. Seuss）著作《你要前往的地方！》（*Oh, the Places You'll Go!*）。

2. 閱讀繪本《我們都是人》（*I Am Human*），蘇珊．維爾德（Susan Verde）著。

「無論你覺得自己能夠還是不能夠做到某件事，你都是對的。」——亨利．福特（Henry Ford）

第八課

找出你的熱情

課程時間：20 至 30 分鐘；課程結束後仍需持續進行。

給老師的話

當我們在學校談論「發掘你的熱情」時，我們要討論的並不是學生未來要決定選擇什麼職業，我們要談的是提供學生機會，去發掘特別能激發他們興趣的想法、體驗以及主題；熱情未必非得用在決定職業上。

有機會的話，不妨問問幼兒園的孩子：未來你長大後想做什麼？他們能夠提供的答案，大多只有那些他們曾經接觸過的職業而已，像是醫生、獸醫，或爸媽從事的任何職業。但我們希望孩子能在遭遇到一件事情時——不管遭遇的是想法、主題還是活動——能夠覺察到，那件事情在自己身上激發了深度的連結感。

這是一堂為期多週的課程，一開始，我們先讓學生認識與發覺什麼是熱情，然後再開始填寫一份「我的熱情計畫」。每星期至少排一小時給他們。

學習目標

上完這一課後，學生將能辨識什麼是熱情，並舉出一些讓他熱情以對的事物。在制定完「我的熱情計畫」，學生會運用他們自己挑選的簡報模式，展現自己的熱情。

資源與教材

1. 找出熱情何在的問題集。
2. 白紙。
3. 一些鉛筆或原子筆。
4. 發給學生填寫的「我的熱情計劃」學習單。

教學方法

老師做：請學生填答以下問題：

1. 會讓我享受其中的一件事是……
2. 如果我要拍一支教人家如何做某件事的 YouTube 影片，那件事會是……
3. 如果我可以花一個下午做一件事，我會選擇……
4. 我有一件事是別人所不知道的，那就是我很喜歡……

5. 能讓我變得極度興奮的一件事是……
6. 我很愛看關於某件事的影片、電影或表演，或是閱讀和它有關的書。這件事是……
7. 我做了之後會感到開心的一件事是……
8. 我有能力幫助別人做成的一件事是……

跟學生說在回答完問卷上的所有問題後，想必你已經知道可能會激發自己無比熱情的事情了。所謂熱情，就是對某件事具有深度的熱忱與熱愛。

今天，我們要來展開一個「熱情計畫」。請大家看看剛才填寫的事項，思考一下，你對於哪些事項的熱情程度比較低，將這些事項刪除，直到只剩下一項，你也可以把幾項混合成一項。總之，最後留下來的，就是會讓你覺得充滿熱情的事項。

舉例來說，如果你對於拍攝 YouTube 影片以及製作手工藝品很有熱情，你的「熱情計畫」所呈現出來的可能就是做手工藝的 YouTube 影片。

現在，我要把「我的熱情計畫」發下去，在接下來的幾星期裡，我們要繼續把這份組織圖填完，並為我們的「熱情計畫」製作一份簡報。這不是常見的那種簡報，沒有任何要遵循的簡報格式規定，請大家自己決定要如何將你的熱情分享給大家知道。

老師做把「我的熱情計畫」學習單發下去。

檢驗理解程度

要評估學生的理解程度，可以檢視他們找出熱情何在的填寫內容，或是瀏覽他們的「熱情計畫圖像組織圖」與簡報。並且要持續關注他們的「熱情計畫」完成的進展如何。

補充與延伸想法

1. 對於較年長的孩子，可以推薦他們閱讀由坡・布朗森（Po Bronson）所寫的《這輩子，你該做什麼？》（*What Should I Do with My Life?*），或是節錄書中內容分享給他們。
2. 不妨為班級規劃「天才時光」（genius hour），每星期安排一個小時的時間給學生，根據他們在這一課的練習當中發掘出來的熱情項目，鼓勵他們繼續完成計畫內容。
3. 欣賞《學校是否扼殺創造力？》（Do Schools Kill Creativity?），肯・羅賓森爵士（Sir Ken Robinson）的 TED Talk 演說。

4. 閱讀《發現天賦之旅》（*Finding Your Element*），肯・羅賓森（Sir Ken Robinson）著。

我的熱情計畫

我的熱情計畫會和這件事有關：

....

我挑選這個話題／主題的原因是：

....

我有三種方式可以學到關於這個主題的更多事情：

1. ....
2. ....
3. ....

詳細說明關於你的最終產品的計畫。

....

....

....

我需要的素材有：

....

....

會提供我幫助的人有：

....

....

我有個讓這個計畫持續與準時完工的構想是：

....

....

第九課

發展近側目標

課程時間：20 至 30 分鐘。

給老師的話

在你的教學生涯當中，你可能聽過一個專有名詞「近側發展區間」（Zone of Proximal Development，簡稱 ZPD）。有些事情我們靠自己就可以做到。有些事我們暫時還無法單靠自己，就算有人來幫忙，結果還是差不多。而有些事則可以運用鷹架（scaffolding）的概念，藉由別人提供一點小小的幫助，我們就能夠做到，這就是「近側發展區間」的涵義。

以閱讀為例，「近側發展區間」可以是協助學生挑選稍微超出其舒適圈的書籍，好讓他們能建立技能，持續進步。當學生面對的任務恰恰是超出他們舒適圈的事情時——但每位學生感受到的舒適圈是不相同的——他們會在學習過程中，感受到更多連結與參與感。這一課，就是要讓學生學會「近側發展區間」的語言。

學習目標

上完這一課後，學生將能了解「近側發展區間」的意義，以及該如何在該區間以內，訂定用於自我提升的目標。

資源與教材

1. 紗線：
   - 綠色紗線（最短的一段）。
   - 黃色紗線（長度居中的一段）。
   - 紅色紗線（最長的一段）。
2. 白紙。
3. 一些鉛筆或原子筆。

教學方法

跟學生說 今天，我們要來探討「近側發展區間」。唉呀，這個詞彙還真拗口呢，對吧？雖然這個詞不好唸，卻是一個非常簡單的概念，等一下，我會用紗線來解釋給大家聽。現在，我先把紗線發下去給大家。

好，我已經把三段紗線都發給你們了。綠色的紗線最短，黃色的紗線居中，紅色的紗線最長。現在，我要請大家照著我講的方式，做出三個同心圓：紅色是最外面那圈，黃色是中間那圈，綠色是最裡面那圈。

現在，請站到綠色的圈圈裡。綠色圈圈代表的是所有你已經知道的事。綠色代表通行，因為你已經知道自己在綠色區間該做什麼。

接下來，請大家跳到紅色圈圈去。準備好了嗎？一、二、三，跳！

歡迎來到紅色區間。這個區間代表的是所有你還不知道該怎麼做的事情。紅色代表著停止的意思。比如說，如果你才剛開始學習加法，紅色區間可能就代表代數。那些事情遠超過你的能力，你也不知道該從何著手起。

再來，請跳到黃色區間去。 歡迎來到近側發展區間！當我們看到紅綠燈轉為黃燈時，意味著「禮讓」或是放慢速度。這個區間就是這樣的意思。所有你在他人協助下能夠做到的事，都處在這個區間裡。

隨著我們持續進行學習，我要請大家想一想，自己的「近側發展區間」是什麼。如果你覺得做這件事太簡單了，那你就是位在綠色區間裡。那麼，你得想一些辦法把自己弄到黃色區間去——或是可以來找我，我們一起想想辦法。如果你覺得對於眼前的這件事，感到全然的困惑，覺得沒有工具可以用來學習，那麼你就是位在紅色區間。同樣的，請來找我討論，我們一起找出可以往黃色區間移動的方法。

檢驗理解程度

確保學生能夠辨識出自己目前做得到什麼事、做不到什麼事。對於無法辨識或是辨識錯誤的學生，請幫助他做出正確的判斷。

你也可以製作一張思考單，讓學生評估自己這堂課的學習狀況：

1. 如果這件事你自己能做，也能夠教別人，大拇指就往上比。
2. 如果這件事你能在別人的指導下順利進行，大拇指就往旁邊比。
3. 如果這件事你能夠理解從何做起，或是知道怎麼往下做，但還是需要更多指導與協助的話，大拇指就往下比。

補充與延伸想法

1. 閱讀繪本《無尾熊辦得到》（*The Koala Who Could*），瑞秋・布萊特（Rachel Bright）著。

第十課

我屬於……

課程時間：20 至 30 分鐘。

給老師的話

已經有研究發現，學生在學校所擁有的歸屬感，與其動機、社會情感、行為發展以及學業成就之間存在正相關。對學校具有歸屬感的學生比較不會輟學。根據心理學家馬斯洛（Abraham Maslow）提出的「需求階層論」（Hierarchy of Needs），愛與歸屬感是建立自尊與達成自我實現的基本要素。當學生在課堂中感覺自己受到重視，會更願意積極參與學習，因為他們不會耗費太多心力，去處理因缺乏歸屬感而產生的不安，也不需要不斷設想周遭的人最後會因為什麼原因讓自己失望。

在課堂上建立學生的安全感，是培養成長性思維導向的學習環境的基本工作之一，能夠避免學生的學習因缺乏歸屬感而半途而廢。在這堂課程中，我們要介紹一種具有明確目標的做法，幫助你的學生們更加了解彼此，並開啟課堂、學校與社群歸屬感的真誠對話。

學習目標

上完這一課，學生將能了解自己為什麼是許多正式與非正式團體的一員，並且明白正式與非正式團體是如何形成的。

資源與教材

1. 白紙。
2. 一些鉛筆或原子筆。

教學方法

老師做 首先，請學生們列出一份總清單，寫出他們所屬於的團體，像是朋友群、家庭、學校、社團、運動團體、宗教團體等等。

跟學生說 你們知道「屬於」是什麼意思嗎？要怎麼知道自己屬於某種東西？

「屬於」的意思就是，有一個團體，它接受我們是其中的一員。例如這個課堂是一個團體，我們希望班上每個人都能夠擁有歸屬感。當團體裡的每個人認識你，接受你是成員之一，你就會覺得自己屬於這裡。今天，我們要認識彼此，接納彼此是這個課堂的一分子。

我們隸屬的團體又可以分為正式團體與非正式團體。像棒球隊就是一個正式的團體，團體中有教練，有比賽規則，而身為團體的一分子，也必須遵守練習時間與比賽時間。非正式團體就很不一樣了。它沒有任何規定，只是一群具有相同興趣或感受的人聚集在一起（你可以請學生舉自身例子，看看自己隸屬的團體是正式還是非正式的）。

現在，我們要來玩個遊戲，由大家一起迅速組成一個非正式團體。

老師做 指定教室的左半邊代表一個團體，右半邊代表另一個團體。把下面清單中的每個例子讀出來，要學生走到兩個團體中他們最強烈認同的那一邊去（這個遊戲會需要學生經常移動位置，請確保教室裡有足夠的空間，好讓學生們可以輕鬆的在兩邊移來移去）。活動結束後，請學生坐回原本的座位。

左邊		右邊
喜歡貓	還是	喜歡狗
喜歡玩《Minecraft》	還是	喜歡玩《Fortnite》
喜歡蘇打水	還是	喜歡果汁
喜歡《神奇寶貝》	還是	喜歡《海綿寶寶》
喜歡水果	還是	喜歡蔬菜

左邊		右邊
喜歡籃球	還是	喜歡棒球
喜歡看 Netflix	還是	喜歡 YouTube
喜歡休息	還是	喜歡吃午餐
喜歡冰淇淋	還是	喜歡糖果
喜歡運動鞋	還是	喜歡涼鞋
喜歡白天去海邊	還是	喜歡白天去山上
喜歡鬆餅	還是	喜歡培根
喜歡哈利波特	還是	喜歡波西傑克森
喜歡 Playstation	還是	喜歡 Xbox
喜歡獨自工作	還是	喜歡以團隊形式工作
喜歡熱狗	還是	喜歡漢堡

跟學生說大家剛才有沒有注意到不同團體間呈現什麼樣的變化？（學生可能會回答：「有些團體大、有些團體小」、「很多人喜歡狗」、「大多數的人比較喜歡 YouTube 勝於 Netflix」之類的答案。）

有一個團體是屬於你們每一個人的，那就是這個班級，你們都是這個班級的學生。我們的班級是一個正式團體，因為它存在屬於我們班的規矩與慣例。在班上，大家甚至還要各自負責不同的職務與工作。有沒有人可以舉例說明本班的規矩？（學生可能會回答：「老師在講話的時候要注意聽」、「離開教室前要記得先徵求許可」之類的答案。）

雖然如此，但老師還是允許大家，可以把自己獨特的才能、技能以及特質帶進這個團體，這麼一來，我們的班級會更好！今年我期許大家實現的目標就是，既屬於這個團體，又能展現自我的特質，做獨特的自己。

檢驗理解程度

1. 製作思考單，讓學生定義正式團體與非正式團體，或是寫下自己對於班級這個團體曾經有過什麼顯著貢獻。
2. 請學生寫出，如何能夠既遵守團體的規矩與慣例，又同時能貢獻自己的才能、技能與能力，展露自己的特質，做獨特的自己？也可以詢問學生是否了解「團體動力」（group dynamics）與其他相關概念。確保學生確實知道正式團體與非正式團體之間的不同，以及個人的貢獻如何能夠幫助形塑課堂的整體動態。

補充與延伸想法

1. 欣賞皮克斯的短片《毛線小姐》（*Purl*）。（但這部短片可能帶有一些令人反感的用詞，老師可以先行看過，再決定是否分享給學生看。）

2. 老師自行閱讀《做自己就好》（*Braving the Wilderness: The Quest for True Belonging and the Courage to Stand Alone*），布芮尼・布朗（Brené Brown）著。
3. 閱讀繪本《你從這一天開始：說自己的故事！》（*The Day You Begin*），賈桂琳・伍德生（Jacqueline Woodson）著。

致謝

我們在 2019 年至 2020 年完成本書的寫作工作。回顧過去這段時間，我們該用什麼詞彙來形容呢？我想莫過於「全球大流行」（Pandemic）一詞吧。當時，面對來勢洶洶、詭譎多變的新冠肺炎疫情，我們感到萬分恐懼、不知所措。而面對遙遙無期的開學日，更讓我們想念那群親愛的學生們。

所幸，我們所有人都熬過來了！當世界各地的學校紛紛開始停課，在短短數週之內，所有教師都動員起來，努力的克服各種軟硬體的困難，持續為學生提供高質量的教學內容。我們所做的一切努力，能稱得上「完美」嗎？不，恐怕不能。然而，如果成長性思維真的教給我們什麼的話，那麼答案與完不完美無關，關鍵在於，我們是否能從這樣的過程中有所進步。

我們確實看見所有人的心態開始轉變。老師、學生和家長們願意改變他們以往對於「教」與「學」的想法，願意承認我們所面臨的情況，不僅前所未見，更是非比尋常。他們始終秉持著成長性思維，用十足的信心克服各種困難，繼續前行。我們相信，當老師和孩子回到學校，成長性思維將會持續推動著他們，在課堂上激發出更多的可能性，去面對各種新的現實困境。未來，無論我們遇到什麼樣的挑戰，一定能以認真、從容、同情和同理的態度，以及運用成長性思維的能力，克服種種難關。

在此，我們要特別感謝兩個人：莫娜・羅伯遜女士（Mrs. Mona Robertson）和克里斯蒂・舒馬克女士（Mrs. Christi Schumaker）慷慨出借教室，讓我們得以測試成長性思維的教案設計。感謝我們的孩子 Bodhi 和 Lila Brock 參與本書拍攝工作，並且願意成為我們天馬行空的創意想法下的試驗品，很愛很愛你們！特別感謝皇家谷（Royal Valley）和霍爾頓學區（Holton school districts）的學生。本書若能為教育工作者略盡棉薄之力，將是我們莫大的榮幸。

附錄：45 堂成長性思維課程一覽表

PART 1 認識成長性思維

	課程名稱	課程時間	課程要旨	頁碼
1	思維類型評估	15-30 分鐘	協助學生判別自己是偏向定型化思維，還是成長性思維	22
2	何謂成長性思維	40-60 分鐘	理解成長性思維與定型化思維的定義	29
3	改變用詞，改變思維	20-30 分鐘	練習改變**自我對話**用詞，由定型化思維轉為成長性思維	37
4	大腦可以被持續開發	20-30 分鐘	了解**神經可塑性**，及大腦如何成長以學習新事物	44
5	人類的神經元	30-60 分鐘	認識神經元，了解成長性思維對傳達訊息與自我對話的影響	51
6	定型化思維的觸發因子	40-60 分鐘	辨識定型化思維自我對話的觸發因子，並轉而運用成長性思維自我對話	59
7	挑戰自我覺察	60 分鐘	了解**自我覺察**的定義，認識個人長處與弱點	64
8	長處之鏈	20-30 分鐘	發現團隊中每個成員的長處，學習如何結合眾人長處，讓團隊變得更強大	74
9	大腦的超強能耐：神經可塑性	20-30 分鐘	了解大腦改變與成長的能力，以及這種過程在我們生命中所扮演的重要角色	79
10	如何訓練大腦	20-30 分鐘	學習在課堂及生活中運用**提取練習策略**，強化學習效果	85

PART 2 打造課堂社群

	課程名稱	課程時間	課程要旨	頁碼
1	制定課堂規範	20-30 分鐘	師生共創能支持成長導向學習環境的課堂規範	94
2	開發情緒智能	20-30 分鐘	認識**情緒智能**，了解如何因應情境自我調整，並增進人際連結與溝通	100

課程名稱		課程時間	課程要旨	頁碼
3	抱持感謝之心：創造善的循環	20-30 分鐘	練習向他人表達感謝，了解感謝為何能支持快樂、促進成長	107
4	我的核心價值	20-30 分鐘	釐清自己重視的**核心價值**，並探討這些價值的重要性	112
5	培養同理心	20-30 分鐘	區分**同理心**與同情心的差異，學習成為有同理心的人	118

PART 3 挑戰自我，成長茁壯

課程名稱		課程時間	課程要旨	頁碼
1	嘗試錯誤：一種韌性策略	60-90 分鐘，或兩堂課各 45 分鐘	學習運用**嘗試錯誤策略**，養成挫折復原力	126
2	WOOP：一種目標設定策略	20-30 分鐘	學習運用 **WOOP 思考法**來設定目標	134
3	公平與平等：找尋你所需要的	30-60 分鐘	充分了解公平與平等的差異	139
4	刻意練習／深度練習	20-30 分鐘	了解**刻意練習**的意義，並嘗試跳脫舒適圈	144
5	「還沒」的威力	20-30 分鐘	找出自己在學校面臨的挑戰，訂定因應學習挑戰的計畫	151
6	觀點取替	60 分鐘	了解**觀點取替**的概念，嘗試從別的角度看待事物	157
7	要好奇，不要生氣	20-30 分鐘	面對各種狀況時，學習應用以好奇取代生氣的技巧	165
8	半杯水：認識樂觀主義	20-30 分鐘	了解**樂觀主義**的概念，學習用樂觀主義角度看待事物	170
9	實現目標的恆毅力：從故事中學習	10-15 分鐘	了解何謂**堅持**，學習提升自己的恆毅力。	176
10	寧靜中的傑作	20-30 分鐘	學習面對與克服人際關係上的挑戰，以尊重態度面對人際差異	181

PART 4 學習後設認知

課程名稱		課程時間	課程要旨	頁碼
1	何謂後設認知	20-30 分鐘	了解**後設認知**，嘗試透過後設認知技巧提升學習成效	188
2	低門檻／高延伸的一課	20-30 分鐘	透過參與**低門檻、高延伸**課題，促進思考並驅策自己的學習	193
3	我的最佳學習方式	20-30 分鐘	探索最適合自己的學習方式，進而提升學習效能	198
4	如何把想法說出來	10-15 分鐘	練習**放聲思考法**，培養後設認知習慣，評估學習狀況並適時尋求幫助	203
5	正念與挫折復原力	20-30 分鐘	透過**正念技巧**的練習，幫助自己紓緩壓力及情緒	210

PART 5 好奇心、創造力與品格

課程名稱		課程時間	課程要旨	頁碼
1	三十個圓圈	20-30 分鐘	打破定型化思維、挑戰自我想法，打造充沛的創造力	216
2	如何孕育想法	30-60 分鐘	學習**設計解決方案**的過程與計畫	222
3	仁慈很重要	20-30 分鐘	學習判斷發揮仁慈之心的適當時機，發展助人行動方案	229
4	黃金圈	20-30 分鐘	了解**黃金圈**概念，深入理解學習的真正意義	232
5	開發你的想像力	20-30 分鐘	了解想像力，敦促自己的大腦運用想像力	239

PART 6 把所有東西整合起來

	課程名稱	課程時間	課程要旨	頁碼
1	意見回饋是你的好朋友	20-30 分鐘	學習運用**向上提升**意見回饋架構，為他人提供意見	246
2	我的習慣迴路	20-30 分鐘	了解**習慣迴路**的運作機制，學習建立新的習慣迴路	252
3	你的策略是什麼	30-45 分鐘	學習與同儕合作解決問題，以及訂定解決問題的方案	259
4	了不起的錯誤	20-30 分鐘	體會錯誤與失敗具有珍貴價值，是學習與成長的契機	266
5	障礙就是道路	20-30 分鐘	練習擬定「**如果 A，那就 B**」的挫敗應變計畫，將挫敗轉化為推動前進的強大助力	271
6	反思連結：博頓的反思模式	20-30 分鐘	練習運用**反思模式**分析架構，來思考自己身處的狀況	276
7	我相信自己	20-30 分鐘	了解**自我效能**的意義	281
8	找出你的熱情	20-30 分鐘；課程結束後仍需持續進行	了解熱情的意義，探索自己的熱情所在，制定「我的熱情計劃」	287
9	發展近側目標	20-30 分鐘	了解**近側發展區間**的意義，訂定適切的自我提升目標	292
10	我屬於……	20-30 分鐘	了解愛與歸屬感對人類發展的重要性，探討正式與非正式團體如何形成	296

學習與教育 BKEE0241P

成長性思維行動指南

培養孩子恆毅力與心理韌性的 45 堂實踐課

The Growth Mindset Classroom-Ready Resource Book: A Teacher's Toolkit for Encouraging Grit and Resilience in All Students

作　　者｜安妮・布魯克（Annie Brock）、希瑟・韓德利（Heather Hundley）
譯　　者｜江裕真
責任編輯｜謝采芳、劉政辰（特約）
文字校對｜蕭明珠
美術設計｜ FE 設計
內頁排版｜中原造像股份有限公司
行銷企劃｜石筱珮

天下雜誌群創辦人｜殷允芃
董事長兼執行長｜何琦瑜
媒體產品事業群
總 經 理｜游玉雪
總　　監｜李佩芬
版權主任｜何晨瑋、黃微真

出 版 者｜親子天下股份有限公司
地　　址｜台北市 104 建國北路一段 96 號 4 樓
電　　話｜ (02) 2509-2800　傳真｜ (02) 2509-2462
網　　址｜ www.parenting.com.tw
讀者服務專線｜ (02) 2662-0332　週一～週五 09:00~17:30
讀者服務傳真｜ (02) 2662-6048
客服信箱｜ parenting@cw.com.tw

法律顧問｜台英國際商務法律事務所・羅明通律師
製版印刷｜中原造像股份有限公司
總 經 銷｜大和圖書有限公司　電話｜ (02) 8990-2588

出版日期｜ 2023 年 1 月第一版第一次印行
定　　價｜ 420 元
書　　號｜ BKEE0241P
I S B N ｜ 978-626-305-394-6（平裝）

國家圖書館出版品預行編目（CIP）資料

成長性思維行動指南：培養孩子恆毅力與心理韌性的 45 堂實踐課／安妮・布魯克（Annie Brock）、希瑟・韓德利（Heather Hundley）著；江裕真譯 . -- 第一版 . -- 臺北市：親子天下股份有限公司，2023.01
312 面；14.8×21 公分 . --（學習與教育；BKEE0241P）
譯自：The growth mindset classroom-ready resource book: a teacher's toolkit for encouraging grit and resilience in all students.
ISBN 978-626-305-394-6（平裝）

1.CST：思考能力教學　2.CST：學習心理

521.426　111020659

訂購服務
親子天下 Shopping ｜ shopping.parenting.com.tw
海外・大量訂購｜ parenting@cw.com.tw
書香花園｜台北市建國北路二段 6 巷 11 號　電話｜ (02)2506-1635
劃撥帳號｜ 50331356 親子天下股份有限公司